MILLESGÅRDEN
JARDIM DE CARL MILLES
LIDINGÖ
SÖDRA KUNGSVÄGEN
LÄROVERKSV.
NATIONALSTADS-PARKEN
HJORTHAGEN
LIDINGÖVÄGEN
NORRA DJURGÅRDEN
VALHALLAVÄGEN
KARLAVÄGEN
ENGELBREKTSGATAN
BIRGER JARLSGATAN
STUREGATAN
LIDINGÖVÄGEN
FÅGELBERGET
VALHALLAVÄGEN
LINDARÄNGSVÄGEN
HUMLEGÅRDEN
ÖSTERMALM
LADUGARDS-GÄRDET
NORRMALM
KUNGSG.
KONSERTHUSET
KARLAVÄGEN
NARVAVÄGEN
OXENSTIERNSG.
HISTORISKA MUSEET
DIPLOMAT-STADEN
KAKNÄSTORNET
DRAMATEN
STRANDVÄGEN
KUNGSTRÄDGÅRDEN
STRANDVÄGEN
TEKNISKA MUSEET
NATIONALSTADS-PARKEN
NATIONALMUSEUM
MUSEU NACIONAL
MEDELTIDSMUSEUM
NORDISKA MUSEET
DJURGÅRDS-BRUNN
SKEPPS-HOLMSBRON
ÖSTASIATISKA MUSEET
VASAMUSEET
MUSEU VASA
DJURGÅRDEN
MODERNA MUSEET
ARKITEKTURMUSEET
SKANSEN
NATIONALSTADS-PARKEN
STORTORGET
SKEPPSHOLMEN
ILHA DO BARCO
THIELSKA GALLERIET
FOTOGRAFISKA
WALDEMARSUDDE
B
E
KATARINAVÄGEN
STADSGÅRDSLEDEN
SALTSJÖN
SÖDERMALM
FOLKUNGAGATAN
FÅFÄNGAN
GÖTGATAN
SÖDERLEDSTUNNELN
RENSTIERNAS GATA
KÅKAR
VITA BERGEN
VÄRMDÖLEDEN
HENRIKSDAL
NACKA
VÄRMDÖLEDEN
VÄRMDÖLEDEN
BLECKTORNS-PARKEN
SKANSTULLSBRON
ERIKSDALS-BADET
HAMMARBY SJÖSTAD
F
PLANIEV.
NACKANÄSV.
ÅRSTA SKOG
HAMMARBY FABRIKSVÄG
HAMMARBYBACKEN

Atrações imperdíveis

Os dez lugares que você não pode deixar de visitar

✪ Gamla Stan (A)
A Cidade Velha nasceu no séc. XIII, erguida nessa ilha de formato quase circular e acessível por meio da travessia de várias pontes. Ela se distribui em torno de Stortorget (**A** E2), grande e harmoniosa praça que exibe altas edificações com fachadas medievais e onde está situado o prédio do Nobelmuseet, de beleza clássica. Nos sécs. XVII e XVIII foram construídas na área várias residências em estilo barroco, bem como o novo Palácio Real, datado de 1754. É uma delícia se perder pelas ruelas dali para explorar cafés e butiques instalados em antigas adegas reformadas.

✪ Kungliga slottet
(**A** E2)
O Palácio Real, em estilo barroco italiano, é um dos maiores castelos da Europa – mas Carlos XVI Gustavo e sua família moram em outro lugar, no castelo de Drottningholm. O local, contudo, sedia o escritório do rei e todas as cerimônias oficiais, como a troca diária da guarda, trajada com seu pomposo uniforme azul. No verão, o desfile ocorre ao som de fanfarra, que às vezes toca canções do ABBA!

✪ Nationalmuseum
(**B** B3)
O templo nacional das belas-artes, cuja construção terminou em 1866, foi concebido pelo arquiteto alemão F. A. Stüler como um palácio veneziano, cheio de luz e de espaço. Detém a maior coleção de obras de arte da Escandinávia, aproximadamente 500 mil telas, esculturas, desenhos e objetos decorativos dos sécs. XV-XX. Não deixe de ver os grandes pintores suecos dos sécs. XVIII-XX, bem como a exposição sobre design.

✪ Skeppsholmen (B)
A "ilha dos barcos", que no passado servia de base naval, é hoje amplamente dedicada à cultura: sedia o Moderna Museet (**B** C4), o Arkitekturmuseet (**B** C4) e o Östasiatiska Museet (**B** B3). Situada um pouco fora do centro da cidade, a ilha é alcançada pela belíssima ponte Skeppsholmsbron (1861): dizem que tocar nas suas duas coroas douradas dá sorte. Com um parque arborizado que rodeia toda a sua extensão, Skeppsholmen é um ótimo local para fazer passeios.

✪ Stadshuset (C C4)
A prefeitura da cidade, com seus 8 milhões de tijolos vermelhos e sua torre em forma de farol, parece uma sentinela à beira do Riddarfjärde. Obra-prima de Ragnar Östberg, combina o estilo romântico nacional e as influências venezianas. É nesse local que ocorre, sempre em 10 de dezembro, o banquete anual do Prêmio Nobel, retransmitido pela televisão.

✪ Strandvägen (D B4)
Difícil imaginar que a moderníssima avenida Östermalm era um caminho enlameado até a época da Exposição Internacional de 1897. Hoje essa grande artéria urbana ladeada por tílias está ocupada pelos imóveis mais suntuosos da cidade. Preste atenção nos nºs 29-33, com seus ornamentos de tijolos e suas belas torrezinhas nos cantos: essas construções foram erguidas no séc. XIX pelo magnata da madeira Fredrik Bünsow.

✪ Vasamuseet (E A2)
Por que o *Vasa*, navio de guerra comandado pelo rei Gustavo II Adolfo, afundou no dia de sua inauguração, em 1628? Como foi encontrado 333 anos mais tarde e retirado das águas quase intacto? A visita ao Vasamuseet, construído sob medida em 1990 para acolher o grandioso destroço, responde a todos os mistérios dessa intrigante passagem histórica. Observar o navio de madeira escura, imenso e majestoso, emergindo na penumbra é uma experiência inesquecível para o visitante.

✪ Skansen (E C2)
Ao criar esse museu ao ar livre em 1891, Artur Hazelius quis apresentar ao mundo o modo de vida e o habitat suecos. E não deixou por menos: mandou trasladar de seus lugares de origem para Skansen cerca de 150 construções: fazendas, igrejas, abrigos florestais, residências urbanas, casas de campo. É como se toda uma Suécia do passado fosse trazida para os dias de hoje. No verão, funcionários envergando trajes de época recriam o estilo de vida de outros tempos. Skansen também é morada de ursos, alces e renas. Para quem viaja com crianças pequenas, vale visitar o zoológico de Lill-Skansen.

✪ Fotografiska (F D1)
Inaugurado em 2010, o museu da fotografia contemporânea expõe obras tanto de artistas pouco conhecidos como de fotógrafos de relevo mundial. O espaço expositivo é maravilhoso. Está situado onde antes operava a alfândega Stora Tulhusset (1906), erguida em estilo art nouveau, toda em tijolos vermelhos. A partir do café-restaurante, há uma bela vista da cidade.

✪ Millesgården
(fora do mapa **D** F1)
Além dos limites da cidade, na ilha de Lidingö, encontram-se a casa e o jardim de Carl Milles (1875-1955) e de sua mulher, Olga. Uma deliciosa excursão de barco pelo arquipélago conduz até ali. A visita revela quem foi esse importante escultor sueco, que se inspirava na estatuária antiga e na mitologia. Pode-se visitar sua propriedade, seu ateliê e a casa de sua assistente, Anne. O jardim, todo em desníveis, é magnífico.

Informações práticas ➜

VASAMUSEET

TROCA DA GUARDA DO PALÁCIO REAL (KUNGLIGA SLOTTET)

SKANSEN

STADSHUSET

GAMLA STAN

Informações práticas

PASSEIOS

Ópera com encenações mais ousadas que as usuais.

Bares, discotecas

O Svampen da praça Stureplan (**C** E2) é o ponto de encontro dos frequentadores das casas noturnas mais chiques. Atmosfera menos formal e mais alternativa no Södermalm, em Götgatan, e no SoFo, bairro da moda.

COMPRAS

City

Grandes lojas de roupas prêt-à-porter em Drottninggatan (**C** D2-D3).

Lojas de departamentos e galerias comerciais

NK (**C** E3)
→ *Hamngatan 18-20*
Seg-sáb 10h-20h (18h sáb), dom 11h-17h

Åhléns (**C** D3)
→ *Klarabergsgatan 50*

PUB (**C** D2)
→ *Hötorget*

Gallerian (**C** E3)
→ *Hamngatan 37*

Illums Boliighus (**C** E3)
→ *Hamngatan 27*

Sturegallerian (**C** E2)
→ *Stureplan*

Hennes&Mauritz (**C** E3)
→ *Hamngatan 22*
A maior H&M da Suécia, no local desde 1952.

IKEA (**C** D3)
→ *Vasagatan 18 Seg-sex 10h-19h Traslado a cada hora*
Transporte gratuito para a maior IKEA do mundo.

Östermalm

Lojas sofisticadas.

SoFo (em Södermalm)

Tendência de moda, decoração e roupas usadas.

Sem imposto

Para quem não é da União Europeia, reembolso do IVA.

DESIGN SUECO

Um conceito (simples, bonito, útil), uma história (nascido no final do séc. XIX, popular desde os anos 1950). Esse é o design nacional, que traz múltiplas referências (à pintura de Carl Larsson e sua mulher, Karin, J. Frank, S. Persson, J. Bohlin, T. Sandell). Locais imperdíveis: a seção de artes aplicadas do Nationalmuseum (**B** B3), o Tekniska museet (**D** F4) e o Nordiska museet (**E** B1).

ESTOCOLMO ALTERNATIVA

Passeio de barco

Stockholm Sightseeing
→ *Tel 08 1200 40 00*

Na água

Djurgårdsbrons Sjöcafé (**D** C4)
→ *Galärvarvsägen 2, debaixo de Djurgårdsbron*
Tel 08 661 44 88
Aluguel de bicicletas, caiaques e pedalinhos.

Ônibus panorâmico

City Sightseeing (**C** E3)
→ *Gustav Adolfs torg*
Tel 08 1200 40 00
Pode-se subir e descer em qualquer estação.

PASSEIOS

Birka

→ *Barco de Stadshusbron* (**A** A1) *Tel 08 12 00 40 00*
Início mai-meados set
Cidade viking tombada como patrimônio da humanidade. Museu arqueológico.

Drottningholm

→ *Metrô Brommaplan depois ônibus 301 a 323, ou ônibus azuis 176 ou 177, ou barco de Stadshusbron*

Castelo Real
→ *Tel 08 402 62 80*
Castelo (fim séc. XVII) rodeado por um esplêndido parque. Residência da família real aberta ao público.

Kina Slott
→ *Tel 08 402 62 70*
Pavilhão do parque com interior rococó e motivos chineses.

Teatro
→ *Tel 08 556 931 00*
Construído em 1766, o mais antigo teatro preservado do mundo conservou seu maquinário e suas decorações removíveis da época.

Fjäderholmarna

→ *Barco de Nybrokajen* (**B** A1) *e Strömkajen* (**A** F1)
As ilhas do arquipélago mais próximas da cidade: artesanato, aquário, museu marítimo e praias são as atrações.

Millesgården

→ *Lidingö Metrô Ropsten depois ônibus 201, 202, 204 a 207 ou Lidingöbanan Tel 08 446 75 90*
Casa e ateliê de Carl Milles (1875-1955), escultor sueco, aluno de Rodin. Jardins em terraços cheios de obras de arte, que oferecem uma vista incrível de Estocolmo.

VAXHOLM

MACKA DE CAMARÃO

DESIGN DA 125 KVADRAT

O ARQUIPÉLAGO

→ *Balsas saindo de Nybrokajen (**B** A1) e Strömkajen (**B** A2) Visitas guiadas durante o ano*
O arquipélago de Estocolmo, com suas 30 mil ilhas e ilhotas, tem um charme irresistível: **Vaxholm**, conhecida por seu castelo e suas lindas casas de madeira, lojas e praias; **Grinda**, ponto de encontro dos amantes do verde e das águas cristalinas; **Finnhamn**, natureza intocada em uma concentração de ilhas boas para caminhar; **Sandhamn**, conhecida pelas regatas de verão, belas praias e casas pitorescas.

sáb 10h-16h ou 17h (lojas de departamentos e algumas lojas do centro da cidade: também dom 12h-16h) Supermercados: 7 dias da semana até 20h ou mais

Museus
→ *Em geral, 10h-17h Muitas vezes, fecham seg*

PARA COMER

Hábitos
O café da manhã inclui comidas salgadas e doces. É uma refeição substanciosa, de modo que basta fazer um lanche na hora do almoço, sobretudo nos *fik*. Os restaurantes, de 11h-14h, oferecem o *dagens lunch* (salada, prato quente, pão, bebida e café). Nos estabelecimentos de menor porte, o serviço exclui o couvert, mas traz pão, água e café à vontade. A tendência atual é a da cozinha fusion, que une tradições locais e influências internacionais: pratos caros (exceto almoço), mas originais e frequentemente bem apresentados.

Serviço
Incluído. Deixe 10% a mais, caso se sinta muito satisfeito com o atendimento.

Estabelecimentos
Fik
Cafés que servem refeições leves (mackor, pratos simples, doces), muitas vezes em sistema de bufê.
Konditori
Misto de padaria, doceria e salão de chá.

Especialidades suecas
Gravad lax: salmão marinado.
Hjortron: também conhecida como amora-ártica ou framboesa-amarela.
Husmanskost: denominação dada a pratos tradicionais da culinária do dia a dia.
Kanelbulle: pãozinho temperado com canela.
Kaviar: caviar em creme, acondicionado em tubos.
Knäckebröd: pão crocante.
Köttbullar: almôndegas.
Lingon: cranberries.
Mackor/smörgåsar: torradas ou sanduíches decorados.
Pyttipanna: cubos de carne fritos, bacon, batatas e cebolas.
Renkött: carne de rena.
Sill (inlagd sill): arenque em conserva.
Skorpa: pãozinho grelhado.
Skomakarlåda: fatia de carne, bacon, alho-poró e purê de batata.
Smörgåsbord: bufê tradicional sueco.
Strömming: arenque do Báltico.
Snaps: bebida destilada.
Ärtsoppa: sopa de ervilha e bacon, servida tradicionalmente na quinta-feira.

VIDA NOTURNA

Programas
Consulte o excelente informativo mensal *What's On* em *visitstockholm.com*

Espetáculos
Na ópera Dramaten (**B** A1) e no Kulturhuset Stadsteatern (**C** D3), ingressos com descontos uma hora antes do espetáculo. No verão, peças ao ar livre gratuitas nos parques (Parkteatern) e concertos à noites em Kungsträdgården (**C** E3).

Ticnet
→ *Tel 077 170 70 70 www.ticnet.se*
Ingressos para a maioria dos eventos de arte e esporte.

Teatros
Dramaten (**B** A1)
→ *Nybroplan Tel 08 667 06 80*
Lindo teatro em prédio art noveau. Imperdível!
Södra Teatern (**F** C1)
→ *Mosebacke torg 1-3 Tel 08 531 99 490*
Templo da música local e internacional. Além dos vários shows de todas as noites, também oferece uma casa noturna e um bar.
Folkoperan (**F** A1)
→ *Hornsg 72 Tel 08 616 07 00*

BRÄNDA TOMTEN

MÅRTEN TROTZIGS GRÄND

RIDDARHUSET

★ **Stockholms Medeltidsmuseum** (**A** E1)
→ *Strömparterren, Norrbro*
Tel 08 508 31 620 Jul-ago: diariam 12h-17h (20h qua); set-jun: ter-dom 12h-17h (20h qua)
Graças ao cenário e à música, o visitante mergulha no passado medieval da cidade e conhece sua história por meio de visitas guiadas pelo acervo.

★ **Kungliga slottet** (**A** E2)
→ *Tel 08 402 61 30 Meados mai-meados set: diariam 10h-17h; meados set-meados mai: ter-dom 12h-16h*
Destruído por um incêndio em 1697, o Palácio Real renasceu em 1754 em estilo barroco italiano, pelas mãos do arquiteto Nicodemus Tessin, o Jovem. Por trás da fachada em estilo Renascença, os mais de 600 aposentos misturam rococó e classicismo. Ali acontecem as recepções formais da família real, que, no entanto, abre mão dessa residência oficial para viver no castelo particular de Drottningholm.

Apartamentos de luxo
Salões finamente decorados ao estilo dos sécs. XVI-XIX, nos quais o rei hospeda seus convidados.

Arsenal Real
Coleção de armas e armamentos, carruagens, vestimentas e trajes oficiais para as cerimônias de coroação, sem esquecer o cavalo empalhado do heroico rei Gustavo II Adolfo (r. 1611-32).

Museu de Antiguidades de Gustavo III
Galeria de esculturas clássicas levadas da Itália para a Suécia pelo monarca.

Tesouro Real
As joias da coroa, a chave real, a coroa, o cetro e o "pomo real" são cuidadosamente conservados sob a sala do trono.

Troca da guarda real
→ *Tel 08 402 63 17*
Meados abr-fim ago: diariam 12h15 (13h15 dom); set-meados abr: qua, sáb 12h15; dom 13h15 Duração 40min
No grande pátio do palácio, há uma espetacular parad dos guardas do castelo, com seus uniformes azuis e capacetes reluzentes.

★ **Storkyrkan** (**A** E2)
→ *Trångsund 1*
Tel 08 723 30 00 Jun: diarian 9h-17h (16h sáb-dom); jul-ag diariam 9h-18h (16h sáb-dor set-mai: diariam 9h-16h
Apesar da fachada barroc a catedral de Estocolmo é uma joia do período gótic com seus tijolos vermelhc e seu dinamarquês *São Jc ge matando o dragão* (séc XV), obra-prima da escultu medieval escandinava. Va a pena ver também a tela Jacob Ebfas, a mais antig representação da cidade.

MEDELTIDSMUSEUM

KUNGLIGA SLOTTET

STORKYRKAN

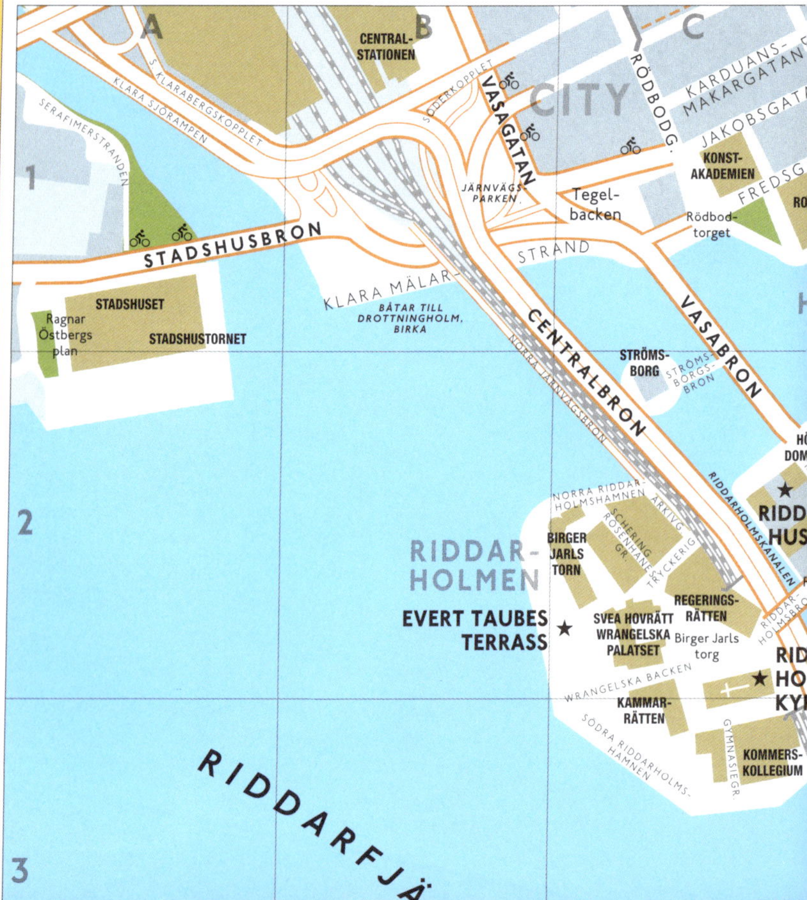

A

Gamla Stan

Fundada por Birger Jarl em 1252, Gamla Stan é o berço histórico de Estocolmo. Surpreendente, apresenta estilo medieval com toques italianos, fachadas ocre e coloridas, ruelas pavimentadas com pedras, palacetes. É lá que os turistas se aglomeram para assistir à troca da guarda diante do imponente Palácio Real. Depois, a dica é descer pela Västerlånggatan, rua de pedestres ladeada por lojinhas de suvenires, até finalmente chegar aos cafés da grande praça Stortorget. Mescla de Gótico e Barroco, as igrejas de Gamla Stan, as mais belas de Estocolmo, são um descanso para quem quer fugir da agitação.

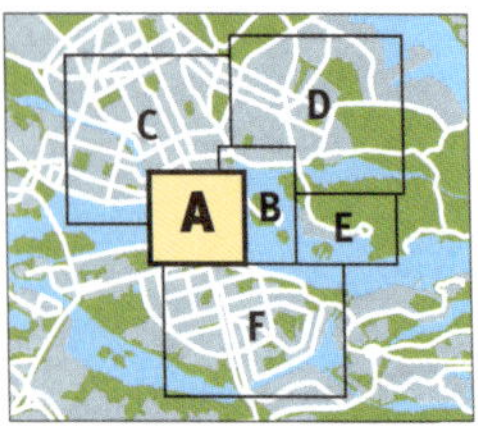

HERMITAGE

MÄLARDROTTNINGEN

RESTAURANTES

Café Tabac (**A** E3)
→ *Stora Nygatan 46*
Tel 08 10 15 34 Seg-sáb 10h-24h (1h sex-sáb), dom 11h-24h
Simpático bistrô com ar de bodega espanhola: banquetas altas, mosaicos e uma extensa lista de tapas. kr54-215.

Grillska Huset (**A** E2)
→ *Stortorget 3*
Tel 08 684 233 64
Café *Seg-sáb 10h-17h30 (17h sáb), dom 11h-16h* ***Almoço*** *11h-14h* ***Confeitaria*** *Seg-sex 8h-17h30, sáb 9h-16h*
Esqueça a formalidade nesse restaurante, no qual os próprios clientes se servem. Ótima localização no centro da Cidade Velha. O cardápio muda todos os dias: dois pratos generosos e quentes, sopas vegetarianas e bolos deliciosos. kr85-195.

Hermitage (**A** D3)
→ *Stora Nygatan 11*
Tel 08 411 95 00 Diariam 11h (12h sáb-dom)-20h
Cozinha vegetariana moderna, às vezes bem apimentada. O cardápio varia a cada dia e os pratos têm inspiração asiática ou africana. kr100-120.

Mälardrottningen (**A** C3)
→ *Södra Riddarholmshamnen*
Tel 08 545 187 80
Ter-sáb 17h-22h
O cais Riddarholmen abriga esse luxuoso iate (que já pertenceu à milionária norte-americana Barbara Hutton), hoje sede de um restaurante honesto, voltado para a culinária sueca tradicional (frutos do mar, bolinhos de carne). Vale a pena ir até lá também por conta tanto da decoração do antigo galeão quanto da bela vista da cidade. kr149-295.

Den Gyldene Freden (**A** E3)
→ *Österlånggatan 51*
Tel 08 24 97 60 Jul-meados ago: seg-sáb 17h-22h (23h sex-sáb); meados ago-jun: seg-sex 11h30-14h30, 17h-22h (23h sex), sáb 13h-23h
Alta qualidade na cozinha sueca de inspiração francesa. A taberna é ponto de encontro de artistas e escritores suecos desde 1722. Jantar na sala ou sob uma das abóbadas da adega. kr180-350.

Bistro Grill Ruby (**A** E2)
→ *Österlånggatan 14*
Tel 08 20 60 15 Seg-sex 17h-23h, sáb-dom 12h-1h
Restaurante de peixes "à francesa" que também serve pratos feitos na brasa, menos requintados. Bom local para tomar um drinque. kr189-499.

SUNDBERGS KONDITORI

KERSTIN ADOLPHSON

E. TORNDAHL

CAFÉS, BARES

Sundbergs Konditori (**A** E3)
→ *Järntorget 83*
Tel 08 10 67 35 Seg-sex 9h-20h, sáb-dom 10h-20h (até último cliente no verão)
O mais antigo *konditori* de Estocolmo (1785) conserva todo o charme dos tempos antigos. Grande variedade de doces. Segundo a tradição sueca do *påtår*, a segunda xícara é sempre oferta da casa.

Café Järntorget (**A** E3)
→ *Västerlånggatan 81*
Tel 08 22 68 20
Jun-ago: diariam 8h (10h sáb-dom)-23h; set-mai: diariam 8h (10h sáb-dom)-18h
Uma das boas sorveterias de Gamla Stan. Prefira a casquinha (caseira) e não perca o sorvete de mel e açafrão, uma delícia!

Mr French (**A** F3)
→ *Skeppsbrokajen, Tullhus 2*
Tel 08 20 20 95 Ter-sáb 11h30-1h, sáb-dom 13h-16h
Do terraço protegido, vista de 180° das águas do Strömmen. Para degustar vinho, champanhe ou um coquetel. Se bater a fome, também há um bom cardápio à disposição.

Stampen (**A** D2)
→ *Stora Nyg. 5*
Tel 08 20 57 93 Seg-sex 17h-1h (2h qua-sex), sáb 14h-2h
O local já foi igreja e, depois, casa de penhores (daí a decoração). Desde 1968 é um animado clube de jazz, onde também se ouve um bom blues (bandas ao vivo, sáb à tarde).

Stortorget (**A** E2)
Chokladkoppen
→ *Stortorget 18*
Set-mai: seg-sex 10h-22h (23h sex), sáb-dom 9h-23h (22h dom); jun-ago: diariam 9h-23h
Pequeno bar "simpatizante", frequentado por gays e com paredes em tom ocre. Serve bons mackor e um dos melhores chocolates quentes de Estocolmo.

Bistrô Nobel
→ *Stortorget 2*
Horários do museu
O *fik* (café) do Nobelmuseet tem um sorvete digno dos banquetes de gala que ocorrem logo depois da famosa premiação.

COMPRAS

Tyger o tidlösa ting (**A** E2)
→ *Köpmangatan 1*
Tel 08 20 56 62
Seg-sex 10h30-18h, sáb-dom 10h-17h (16h dom)
A loja oferece lindas caixas de música, abajures feitos à mão, enfeites de Natal em vidro e peças artesanais em madeira.

Kalikå (**A** E3)
→ *Österlånggatan 18*
Tel 08 20 52 19 Seg-sex 10h-17h, sáb 11h-16h
Engenhocas criativas e bem elaboradas para crianças, brinquedos para bebês feitos com materiais agradáveis ao toque e uma linha de resistentes roupas infantis criadas pelo estilista da loja.

Fartygsmagasinet (**A** E2)
→ *Österlånggatan 19*
Tel 08 20 93 98
Qui-sáb 11h-18h (15h sáb)
Uma luneta para enfeitar a sala de estar, uma âncora para o gramado, a maquete de um navio para o quarto das crianças: tudo sob medida para quem gosta de antiguidades que lembram o mar.

Made In Stockholm (**A** E3)
→ *Västerlånggatan 58*
Tel 08 411 46 07 Diariam 11h-18h (16h sáb-dom)
Três artistas cujos ateliês estão na ilha Fjäderholmarna, no arquipélago de Estocolmo, vendem suas obras nessa loja: joias, cerâmicas, peles, vidro, ferro fundido, e muito mais.

Antique Maps & Prints (**A** E2)
→ *Köpmantorget 2*
Tel 08 10 73 01
Horários variáveis
Oferta de mapas antigos e de lindas águas-fortes.

Västerlånggatan
A rua comercial de Gamla Stan até tem lojas que são arapucas para turistas incautos. Mas, inegavelmente, lá encontram-se também boas e autênticas butiques de artesanato.

Iris Hantverk (**A** D2)
→ *Västerlånggatan 24*
Tel 08 698 09 73 Seg-sex 10h-18h, sáb-dom 11h (12h dom)-16h
Uma loja especializada em escovas, com a marca de qualidade do design sueco. Úteis, decorativos e sempre muito originais, os acessórios são produzidos há mais de cem anos por uma pequena fábrica.

Kerstin Adolphson
→ *Västerlånggatan 40/44*
Tel 08 411 17 10 Seg-sex 10h-18h, sáb-dom 11h-16h
O carro-chefe é o típico tamanco sueco, de todos os jeitos: rústico, coberto com pelo de vaqueta, pintado à mão (flores, joaninhas, em prata), todo de couro. Também vende roupas e bolsas.

E. Torndahl
→ *Västerlånggatan 63*
Tel 08 10 34 09
Diariam 10h (11h dom)-18h
Lugar com ampla oferta de itens artesanais e objetos de design escandinavo.

STORTORGET

NOBELMUSEET

RIDDARHOLMSKYRKAN

EVERT TAUBES TERRASS

★ **Stortorget** (**A** E2)
. grande praça é o centro .istórico da cidade. Antiga- ıente dedicada ao comér- :o, é composta de casas os sécs. XVII e XVIII. Na fa- ıada do nº 20, as 82 pe- ·as brancas seriam uma ɔmenagem aos 82 nobres ·ecapitados nessa área pe- . "tirano" dinamarquês :ristiano II, durante o cha- ado "banho de sangue de ;tocolmo" (1520).

Nobelmuseet (**A** E2)
Börshuset, Stortorget
l 08 534 818 00 Jun-ago: ɔriam 10h-20h; set-mai: ter- m 11h-20h (17h qua-dom)
ıseu dedicado aos ga- ıadores do Nobel, prêmio criado pelo químico Alfred Nobel (1833-1986), inventor da dinamite e artífice da paz mundial. Um lugar para conhecer alguns dos 800 laureados e redescobrir mais de um século de invenções e progresso científico. Antes funcionava ali a Bolsa (Borshuset), construída em estilo barroco tardio (1776).

★ **Brända tomten** (**A** E3)
Uma bela praça triangular com fachadas ocre, sombreada por uma grande castanheira. A municipalidade batizou o lugar de *Brända Tomen* ("terreno queimado") depois que um incêndio destruiu um quarteirão de casas em 1728.

★ **Mårten Trotzigs gränd** (**A** E3)
Trinta e oito degraus e 90cm de largura – essa é a ruela mais estreita da cidade. Seu nome deriva do comerciante alemão que possuía casas no local, no séc. XVI.

★ **Riddarhuset** (**A** C2)
→ *Riddarhustorget 10*
Tel 08 723 39 90
Seg-sex 11h-12h
Suntuoso palácio em estilo barroco (séc. XVI), no qual a aristocracia ainda se reúne. Sobre a entrada, o lema: *Arte et Marte*, dedicando o edifício à arte e à guerra.

★ **Riddarholmskyrkan** (**A** C2)
→ *Birger Jarls torg*
Tel 08 402 61 30
Meados mai-meados set: diariam 10h-17h; meados set-fim nov: sáb-dom 10h-16h
Construída sobre um mosteiro medieval (séc. XIII), essa igreja abriga os restos de soberanos suecos, desde Gustavo II Adolfo (r. 1611-32) até Gustavo V, morto em 1950. Vale a pena dar uma olhada no sino em ferro fundido ornamentado, datado de 1835.

★ **Evert Taubes terrass** (**A** C2)
Vista magnífica da prefeitura, ao lado de um bronze representando Evert Taube (1890-1976), poeta e cantor muito popular na Suécia.

BLASIEHOLMSTORG

NATIONALMUSEUM

◀ Mapa F

★ **Dramaten** (**B** A1)
→ *Nybroplan Tel 08 667 06 80*
Ago-meados jun: ter-dom
O Teatro Dramático Real exibe uma das mais belas fachadas art nouveau de Estocolmo (1908), com frisa central esculpida por Carl Milles. Fundado por Gustavo III em 1788 para reforçar a identidade nacional, mescla repertório clássico e contemporâneo. Sua escadaria é ponto de encontro da cidade. Não deixe de ver o saguão e o salão em mármore, maravilhosos.

★ **Hallwylska museet** (**B** A1)
→ *Hamngatan 4*
Tel 08 402 30 99
Jan-mai, set-dez: ter-dom 12h-16h (19h qua); jun: ter-dom 10h-16h; jul-ago: ter-dom 10h-19h (16h ter, dom)
Esse imponente hotel do séc. XIX, construído em estilo Renascença meio espanhol e meio veneziano, abriga uma excelente coleção de pinturas e objetos de decoração, entre eles um quadro de Pieter Bruegel e um retrato de Giuseppe Arcimboldo. No verão, promove concertos no pátio.

★ **Raoul Wallenbergs torg** (**B** A1)
Durante a Segunda Guerra Mundial, o diplomata sueco Raoul Wallenberg salvou milhares de judeus húngaros ao evitar que fossem deportados. Em 2000, na praça que leva o nome de Wallenberg, a artista dinamarquesa Kirsten Ortwed o homenageou instalando esculturas de bronze – alvo de críticas dos adeptos da arte escultórica clássica.

★ **Blasieholmstorg** (**B** A2)
Quando foi renovada, em 1989, essa praça ganhou dois cavalos de bronze idênticos aos do portal da Piazza San Marco de Veneza. O motivo dessa decisão: uma das vias próximas é a Stallgatan (rua do Estábulo); outra é a Hovslagargatan (rua do Ferreiro).

★ **Nationalmuseum** (**B** B3)
→ *Södra Blasieholmshamnen*
Tel 08 519 543 00
Fechado para reforma
www.nationalmuseum.se
Criado em 1866, o "Louvre sueco" possui a maior coleção de quadros, esculturas, estamparias e desenhos do país. Obras-primas do Renascimento ao começo do séc. XX, reunidas pelos reis ao longo do tempo. Pergaminhos, mobiliário, telas de mestres escandinavos e europeus e peças de design sueco. O museu está em reforma e reabre as portas em 2017. Enquanto isso, consulte o site para informa-

DRAMATEN

HALLWYLSKA MUSEET

RAOUL WALLENBERGS TORG

B Nybroplan / Blasieholmen / Skeppsholmen

Importante núcleo cultural, o bairro Nybroplan abriga vários museus e o Teatro Dramático Real. Também se trata de um centro de poder: ali estão o Blasieholmen, complexo financeiro da cidade, bem como o opulento Grand Hôtel. Uma linda ponte de ferro fundido, trabalhada com coroas douradas, conduz a Skeppsholmen, que acolheu uma base da marinha real a partir do séc. XVII. Hoje, a ilha recepciona, em seu tapete verde, os barcos de passeio. Lá, além de vários museus e galerias de arte contemporânea, é possível se maravilhar com a vista que se descortina da Cidade Velha e das belas fachadas de Strandvägen.

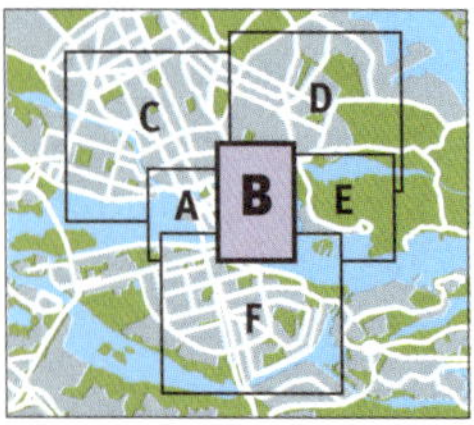

THE SOAP BAR

VERANDAN

RESTAURANTES

Krogkonst (**B** B4)
→ *Amiralitetsbacken 3*
Tel 08 611 99 89 Meados mar-meados jul, meados ago-meados nov: seg-sex 11h30-13h30
Decoração grandiosa. De seu terraço, os clientes desfrutam uma vista maravilhosa de Gamla Stan e do Palácio Real. Serve pratos da cozinha sueca tradicional e algumas especialidades mediterrâneas. Prato kr100-130.

The Soap Bar (**B** A1)
→ *Nybrogatan 1*
Tel 08 611 00 21 Diariam 16h (12h sáb, 22h dom)-3h Restaurante até 22h, exceto dom
Endereço moderno e da moda. O favorito do pessoal do mercado financeiro, situado ao lado do Dramaten, o Teatro Dramático Real. Saladas e peixes. Música ao ritmo dos DJs. Prato kr105-265.

Frippe (**B** A1)
→ *Nybrogatan 6*
Tel 08 665 61 42
Seg-sex 11h30-24h (22h seg), sáb 13h-24h, dom 16h-22h
Clientes fiéis compõem a atmosfera "artística chique" do restaurante do Dramaten. Destaques no cardápio: wallenbergare (carne com mirtilo) e creme gelado de mascarpone. Prato kr130-265.

B.A.R. (**B** A2)
→ *Blasieholmsgatan 4A*
Tel 08 611 53 35
Seg-sex 11h30-14h, 17h-1h; sáb 16h-1h; dom 17h-21h
B.A.R. é a sigla para Blasieholmen Akvarium Restaurang. Os peixes e frutos do mar da casa atestam o lema dos premiados fundadores (H. Norström, P. Johansson e J. Lundgren): proximidade do produtor, produto fresco. Pratos simples e sazonais. O mesmo trio de chefs criou o EAT, *Jakobsbergsgatan 15* (**C** E2), e o Lux Dag för Dag, *Lilla Essingen, Primusgatan 116* (fora do mapa **C** A4). kr135-295.

Verandan (**B** A2)
→ *Södra Blasieholmshamnen 8 Tel 08 679 35 86*
Diariam 7h-23h
Vista inesquecível dos cais e do castelo. Serve, durante o ano todo, o tradicional smörgåsbord, saboroso bufê sueco: à noite durante a semana, e no almoço de sáb-dom. É necessário reservar. Prato kr185-425; bufê kr495.

Wedholms Fisk (**B** A1)
→ *Nybrokajen 17*
Tel 08 611 78 74 Seg 11h30-14h, 18h-23h; ter-sáb 11h30 (17h sáb)-23h
O grande restaurante de peixes em Estocolmo. Produtos frescos e uma cozi-

BERNS

MALMSTENBUTIKEN

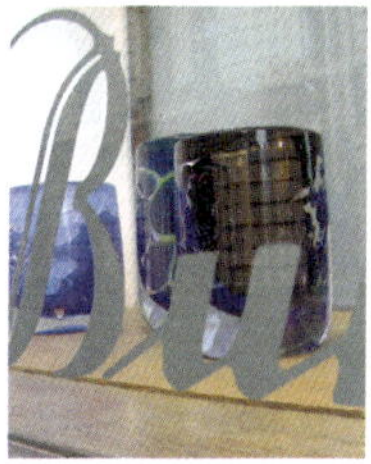

BUKOWSKIS

nha sem rebuscamento. Vá de linguado na manteiga e raiz-forte. Cardápio fixo, condicionado ao que de melhor foi oferecido em feiras e mercados do dia. Prato kr265-595.

CAFÉS, BARES

Af Chapman (**B** B4)
→ *Flaggmansvägen 8*
Tel 08 463 22 66
Diariam 9h-21h
Barco de três mastros reformado e transformado em albergue da juventude. Do café, uma vista imperdível de Gamla Stan.

Pauli Café (**B** A1)
→ *Nybroplan 2*
Tel 08 665 61 43
Seg-sex 11h30-15h (e ter-dom 1h30 antes do espetáculo)
Maravilhoso terraço do Teatro Dramático Real. Pode-se, ao mesmo tempo, comer e observar o movimento logo abaixo, na água e na terra.

Cadierbaren (**B** A2)
→ *Grand Hôtel Södra Blasieholmshamnen 8*
Tel 08 679 35 85
Seg-sex 7h-2h, sáb-dom 8h-2h (1h dom)
Elegância e refinamento não faltam no bar do Grand Hôtel. Celebridades podem passar por ali, enquanto você aproveita a bela vista do castelo.

Berns (**B** A1)
→ *Berzelii park*
Tel 08 566 322 00 Seg-sex 7h-1h, sáb-dom 7h30-3h
Dois restaurantes e três bares entre o tradicional e o moderníssimo, sob adornos dourados do final do séc. XIX. Dos lustres de cristal à iluminação a laser, transita-se do mundo de Strindberg aos dias contemporâneos. Baladas com DJs e concertos.

T/Bar (**B** B1)
→ *Strandvägen 7 C*
Tel 08 459 68 02 Seg-sex 11h30-24h (1h qui-sex), sáb-dom 13h-1h (24h dom)
O bar do Hotel Diplomat tem mesas perto da janela que permitem observar a animação da rua e a vista de Nybrokiven. DJ sex à noite e brunch sáb-dom.

MÚSICA

Musikaliska (**B** A2)
→ *Nybrokajen 11*
Tel 08 407 17 00 (bilheteria)
www.musikaliska.com
Aberta em 1878 por Oscar II, a antiga Academia de Música já acolheu cantores hoje conhecidos internacionalmente, como Jussi Björling e Birgit Nilsson.

Musikaliska Krog, Gård & Natt
→ *Qua-sáb 22h (17h sex)-3h*
Simpático bar e restaurante que oferece um happy hour muito apreciado pelos suecos, às sex 17-22h.

COMPRAS

Svenskt Tenn (**B** B1)
→ *Strandvägen 5A*
Tel 08 670 16 00 Seg-sáb 10h-18h30 (17h sáb), dom 11h-16h Fecha dom no verão
A famosa marca nasceu em 1924, quando Estrid Ericson e Nils Fougstedt passaram a criar objetos de arte em estanho. Nos anos 1930, Estrid associou-se ao vienense Josef Frank para lançar um novo conceito de artigos para a casa, aliando linhas suaves e cores vivas. A butique de decoração e móveis tornou-se, assim, uma vitrine do estilo Modern Swedish.

Malmstenbutiken (**B** B1)
→ *Strandvägen 5B*
Tel 08 23 33 80 Meados ago-fim jun: seg-sáb 10h-18h (16h sáb), dom 12h-16h; fim jun-meados ago: seg-sáb 10h-18h (16h sáb)
Carl Malmsten (1888-1972), grande nome do design sueco, inspirou-se no interior das casas burguesas do séc. XIX. Suas peças em aço e madeira são bem diferentes das da linha funcionalista.

Polstjernan Antiques (**B** A1)
→ *Arsenalgatan 5*
Tel 08 611 39 73 Seg-sex 11h-18h, sáb 12h-16h
Aberta nos anos 1970, essa elegante galeria de antiguidades de boa qualidade, especializada nos sécs. XVIII-XIX, é visitada como se fosse um museu. Muitos móveis e objetos no estilo Império, provenientes de toda a Europa.

Bukowskis (**B** A1)
→ *Arsenalsgatan 4*
Tel 08 614 08 00
Seg-sex 9h-17h
Casa de leilões mais famosa da Escandinávia, fundada em 1870 por Henryk Bukowski, aristocrata polonês exilado. As salas de exposição merecem a visita. Não deixe de admirar as pinturas de Anders Zorn (1860-1920) ou os talheres de prata criados pelo príncipe e designer Sigvard Bernadotte (1907-2002).

Moderna Museet Butiken (**B** C4)
→ *Slupskjulsvägen 7*
Tel 08 5202 3506 Ter-dom 10h-18h (20h ter, sex)
Belíssima livraria-butique com estoque de 3 mil livros de arte, além de maravilhosos objetos de design. Produtos para todos os gostos, todas as idades e todos os bolsos.

SKEPPSHOLMEN

ÖSTASIATISKA MUSEET

MODERNA MUSEET

▶ Mapa D

▼ Mapa E

PARADISET

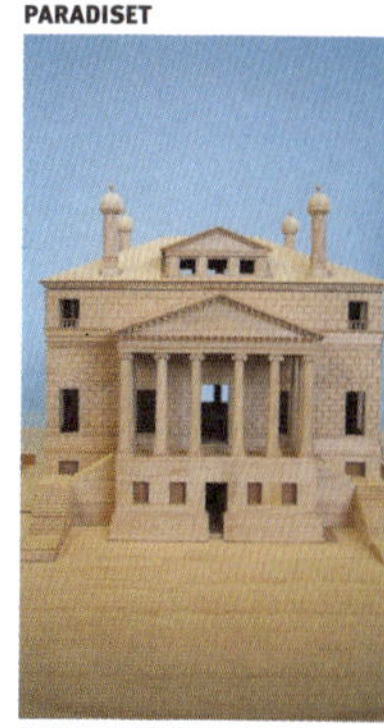
ARKDES/ARKITEKTUROCH DESIGNCENTRUM

ões sobre as exposições mporárias de seu acervo a Konstakademien, situada na *Fredsgatan* 12 (**A** C1) no Kulturhuset Stadsatern (**C** D3).

Skeppsholmen (**B** B3)
"Ilha dos barcos", que no ssado abrigava a sede da arinha real, hoje oferece n delicioso passeio de km. A partir da ponte eppsholmbran, avistam- o castelo, a catedral, o fego intenso de Slussen s altos de Söder. Ao sul, á a pequena ilha de stellholmen (citadela), e norte, a avenida Strandgenn, muito luxuosa. o perca o *Af Chapman*, navio de três mastros cujo nome lembra um dos maiores construtores de navios da Suécia, Fredrik Henrik af Chapman (1721-1808).

★ **Östasiatiska museet** (**B** B3)
→ *Tyghusplan 2*
Tel 010 456 12 00
Ter-dom 11h-17h (20h ter)
Verificar horários noturnos
Nessa antiga caserna do séc. XVIII estão expostas ricas coleções de arte asiática, datadas da pré-história ao séc. XIX. Alas inteiras dedicadas à arte indiana, japonesa, coreana e budista, e um dos mais belos acervos de cerâmica chinesa guardados na Europa.

★ **Moderna museet** (**B** C4)
→ *Exercisplan*
Tel 08 5202 35 00 Ter-dom 10h-18h (20h ter, sex)
Concebido pelo arquiteto Rafael Moneo, esse templo de arte do séc. XX foi inaugurado em 1998. Todos os grandes expoentes das correntes modernas "clássicas" (fauvistas, cubistas, surrealistas, expressionistas) estão representados. Em contrapartida, na ala da arte contemporânea predomina a contribuição dos artistas americanos. A cafeteria está situada em um lugar ideal: em frente ao Djurgården e a Östermalm.

Paradiset (**B** C4)
→ *Diante do Moderna museet*
Um paraíso fantástico formado por um grupo de dezesseis esculturas de Niki de Saint Phalle e de Jean Tinguely, criado para o pavilhão francês da Exposição de 1967, em Montreal. Ao lado, os móbiles de Calder.

★ **ArkDes** (**B** C4)
→ *Exercisplan 4*
Tel 08 587 270 00
Ter-dom 10h-18h (20h ter)
Exposições sobre a arquitetura e o design suecos. Uma delas, permanente, trata da arte construtiva no país: para compreender como a maneira de viver influencia as escolhas dos construtores.

CENTRALBADET

STRINDBERGSMUSEET

ENGELBREKTS

★ **Stadshuset** (**C** C4)
→ *Hantverkargatan 1*
Tel 08 508 290 58
Jun-ago: diariam 9h15-17h15; mai, set: diariam 9h15-15h55
Visitas guiadas *Jun-ago: diariam 9h30-16h, a cada 30min; set-mai: diariam 10h-15h (16h set), a cada hora*
Ragnar Östberg projetou a prefeitura em 1901, executando-a no estilo romântico nacional. A obra foi concluída em 1923: pátio com arcos, salas de recepção (uma delas ornada com mosaicos dourados) e a torre do domo dominando a cidade. O banquete anual de entrega do Prêmio Nobel tem lugar no Blå Hallen (nome incorreto, uma vez que o salão não é azul – *blå* – mas, sim, todo feito de tijolos vermelhos).

★ **Kungsträdgården** (**C** E3)
O Jardim Real era a simples horta da corte no séc. XV, mas acabou renovado ao estilo dos jardins franceses no séc. XVIII. O rei Gustavo III abriu as portas do local ao público. Hoje, quem passeia por lá encontra vários cafés e pode assistir a concertos gratuitos, no verão, ou patinar, no inverno. A estátua de Carlos XII (1697-1718), famoso rei guerreiro, ergue-se ao sul, bem perto da Wetterling Gallery, templo da arte contemporânea, com destaque para artistas anglo-saxões.

★ **Sergels torg / Kulturhuset Stadsteatern** (**C** D3)
Desde a década de 1950, a estética dessa praça gigantesca dedicada a Sergel (1740-1814), mestre da escultura sueca, é alvo de muitas controvérsias. No centro dela, vê-se o obelisco de 37,5m cujo apelido é *Pinnen* (bastão). Ao redor, cinco torres, uma grande galeria comercial no subsolo e a imponente Kulturhuset (Casa da Cultura), ampla estrutura em concreto e vidro. Espécie de "Beaubourg" de Estolcomo, o local exibe se dinamismo por meio de tea tros, auditório, espaços pa ra exposições, bibliotecas cafeterias. Obrigatório para quem visita a cidade!

★ **Konserthuset** (**C** D2)
→ *Hötorget 8 Tel 08 50 66 77 8*
Ivar Tengbom, arquiteto da Casa dos Concertos (1926) impregnou sua obra de ne classicismo. *Orfeu*, conjun monumental esculpido po Carl Milles (1875-1955) e q se eleva ao lado da escada de honra, apresenta o mes mo estilo. Todos os anos, no dia 10 de dezembro, é realizada nesse local a cer mônia solene de entrega do Prêmio Nobel.

STADSHUSET

KUNGSTRÄDGÅRDEN

SERGELS TORG / KULTURHUSET

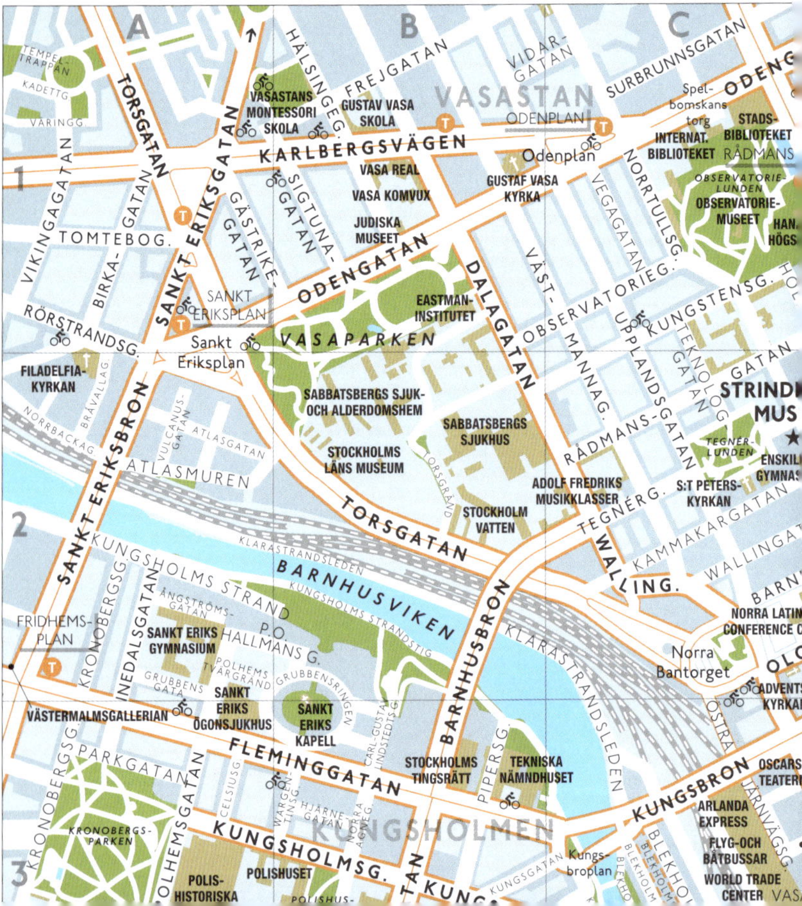

Nos anos 1950, grandes canteiros de obras transformaram o bairro da City: ergueram-se prédios altos e anéis viários, relegando os pedestres às galerias comerciais subterrâneas. Sergels Torg, Kulturhuser e as torres Hötorget deram a Estocolmo uma nova dimensão arquitetônica. Hoje, a City apresenta uma profusão de lojas de departamentos, butiques e restaurantes. Por sua vez, os bairros residenciais Kungsholmen e Normalm, construídos nos sécs. XIX e XX, vivem em um ritmo menos acelerado, com bares e restaurantes que transmitem um caráter bem mais aconchegante.

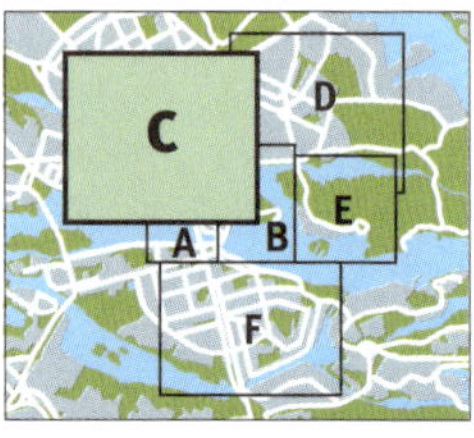

MÄLARPAVILJONGEN

OPERAKÄLLARENS BAKFICKA

RESTAURANTES

East (**C** E2)
→ *Stureplan 13*
Tel 08 611 49 59 Diariam 11h30 (17h sáb-dom)-1h (3h bar)
Rolinhos primavera, panquecas coreanas e tofu são as estrelas dessa cozinha de Stureplan. O terraço está sempre lotado no verão. Prato kr110-355.

Rolfs kök (**C** D2)
→ *Tegnérgatan 41*
Tel 08 10 16 96 Diariam 11h30 (17h sáb-dom)-1h
Decoração original e cozinha sueca com toques franceses e espanhóis. Experimente as bochechas de boi e as trufas de Gotland. Prato kr145-335.

Mälarpaviljongen (**C** A4)
→ *Norr Mälarstrand 64*
Tel 08 650 87 01
Diariam 11h-1h
Localizada na orla, a casa serve, no terraço, pratos variados (mackor, arenques e saladas). Ambiente agradável, *gay friendly*, animado aos sáb de verão por DJs. Prato kr155-225.

Operakällarens Bakficka (**C** E3)
→ *Karl XII: s torg*
Tel 08 676 58 00 Seg-sex 11h30-23h, sáb 12h-22h
Cozinha tradicional sueca em cantina frequentada por homens de negócios, perto da ópera. Opções: skomakarlåda, filés de arenque à moda báltica, salmão marinado com endro, filés de linguado ao molho. Prato kr170-325.

Stadshuskällaren (**C** C4)
→ *Hantverkargatan 1*
Tel 08 586 218 30 Seg 11h30-14h30; ter-sex 11h30-14h30, 17h-23h; sáb 17h-23h
O que comem os ganhadores do Nobel após a cerimônia de premiação? A resposta está no prestigioso restaurante da prefeitura, que oferece o menu dos "nobéis" por kr1.300. Prato kr195-320.

Bergamott (**C** B3)
→ *Hantverkargatan 35*
Tel 08 650 30 34
Ter-sáb 17h30-24h
Em Kungsholmen, um pequeno restaurante de bairro perfeito para jantar. Coração de vitela, bifes, chucrute. O chefe estudou na França! kr195-325.

Prinsen (**C** E3)
→ *Mäster Samuelsgatan 4*
Tel 08 611 13 31
Seg-sex 11h30-23h30, sáb-dom 13h-23h30 (22h30 dom)
Local frequentado por intelectuais. Permanece o mesmo há séculos e é famoso pelos grelhados e por sua salada de camarões. Prato kr199-385.

ICEBAR STOCKHOLM BY ICEHOTEL

NALEN

ANNA HOLTBLAD

Restaurant AG (**C** A2)
→ *Kronobergsgatan 37*
Tel 08 410 681 00
Seg-sáb 17h-1h
O cardápio do chef Johan Jureskog é degustado em um salão branco. Sua especialidade: carne, sempre da melhor qualidade. Os cortes bovinos vêm de Fällmans Köt, o mesmo fornecedor da Casa Real. Prato kr205-355.

BARES, CASAS NOTURNAS

Icebar Stockholm by Icehotel (**C** C3)
→ *Vasaplan 4*
Tel 08 505 635 20
Jun-meados set: dom-sex 11h15-24h (1h qui-sex); meados set-mai: dom-qui 15h30-23h15, sex-sáb 15h-1h
Experiência única em um bar todo de gelo, mantido a uma temperatura de -5°C. Oferece casacos.

Sturehof (**C** E2)
→ *Stureplan 2*
Tel 08 440 57 30
Diariam 11h (12h sáb-dom)-2h
Cervejaria à francesa lotada no fim de semana. No andar superior, funciona o agitado bar Obaren. Um "must" de Stureplan.

Scandic Anglais (**C** E2)
→ *Humlegårdsgatan 23*
Tel 08 517 340 00 Qua-sáb 17h-1h (2h sex-sáb)
O bar desse hotel luxuoso é opção de happy hour antes de cair na noite de Stureplan. No verão, vá ao terraço no sétimo andar.

Sturecompagniet (**C** E2)
→ *Sturegatan 4*
Tel 08 545 076 75 Qui-sáb 22h-5h (idade mín 23 anos)
Muitos bares nos dois andares, cada qual com seu ambiente musical, do jazz ao eletrônico. Não deixe de ir ao Hell's Kitchen. Vá com roupa chique!

Spy Bar (**C** E2)
→ *Birger Jarlsgatan 20 / Biblioteksgatan 23*
Tel 08 545 076 00 ***Spy Bar*** *Qua-sáb 23h-5h (idade mín 23 anos)* ***Laroy*** *Qua-sáb 22h-3h (idade mín 20 anos)*
Duas boates noturnas distintas, vizinhas uma da outra, cada qual com sua trilha sonora: música *lounge* no Spy Bar, e som mais agitado no Laroy.

Nalen (**C** E2)
→ *Regeringsgatan 74*
Tel 08 505 292 00
www.nalen.com
Importante local de shows ao vivo, com artistas do mundo todo.

Fasching (**C** C3)
→ *Kungsgatan 63*
Tel 08 20 00 66
Diariam 18h-24h (4h sex-sáb)
Os maiores nomes do jazz contemporâneo.

Glenn Miller Café (**C** E2)
→ *Brunnsgatan 21 A*
Tel 08 10 03 22 Seg-qui 17h-1h, sex-sáb 17h-2h, dom 13h-1h (se houver show)
Agradável restaurante de bairro onde se pode escutar jovens jazzistas.

COMPRAS

Royal Design (**C** F2)
→ *Sturegallerian, Grev Turegatan 9 Tel 08 611 03 30*
Diariam 10h-19h (17h sáb, 12h dom)
Vidros e porcelanas com design escandinavo e internacional: Orrefors, Kosta Boda, Rörstrand etc.

Anna Holtblad (**C** F2)
→ *Grev Turegatan 13*
Tel 08 545 022 20 Seg-sáb 10h30-18h30 (16h sáb)
Grife de roupas elegantes, uma das pioneiras da moda sueca: malhas e roupas de cores vivas.

Filippa K (**C** F2)
→ *Grev Turegatan 18*
Tel 08 545 888 88
Seg-sáb 11h-18h30 (17h sáb), dom 12h-16h
Marca fundada em 1993 por Filippa Knutsson. Tendências da moda e roupas atemporais e elegantes.

Norrgavel (**C** E2)
→ *Birger Jarlsgatan 27*
Tel 08 545 220 50
Seg-sáb 10h-18h (16h sáb), dom 12h-16h
Móveis, louças e roupa de cama, mesa e banho, tudo fiel à mais pura tradição nórdica de qualidade.

Biblioteksgatan (**C** E2)
Compras chiques nessa rua de Norrmalm. Roupas masculinas e para golfe no J. Lindeberg (nº 6) e botas ousadas de Don Donna no Rizzo (nº 9). Confira também os enfeites da butique Urban Outfitters (nº 5), em um antigo cinema art nouveau.

Polarn O. Pyret (**C** E3)
→ *Gallerian, Hamngatan 35*
Tel 08 411 22 47 Seg-sáb 10h-20h (18h sáb), dom 11h-18h
Moda com o estilo e a cara da Suécia para gestantes e também para crianças.

NK, Nordiska Kompaniet (**C** E3)
→ *Hamngatan 18-20*
Tel 08 762 80 00
Seg-sáb 10h-20h (18h sáb), dom 11h-17h
Grande loja de departamentos. Funciona no país desde 1915: tudo muito refinado e sofisticado.

Design House Stockholm (**C** E3)
→ *Tel 08 762 81 19*
Instalada dentro do NK, a loja é referência em design escandinavo contemporâneo. Vende de objetos em vidro e porcelana até pequenos móveis. Preço acessível.

ATERN

KONSERTHUSET

OLOF PALMES DÖDSPLATS

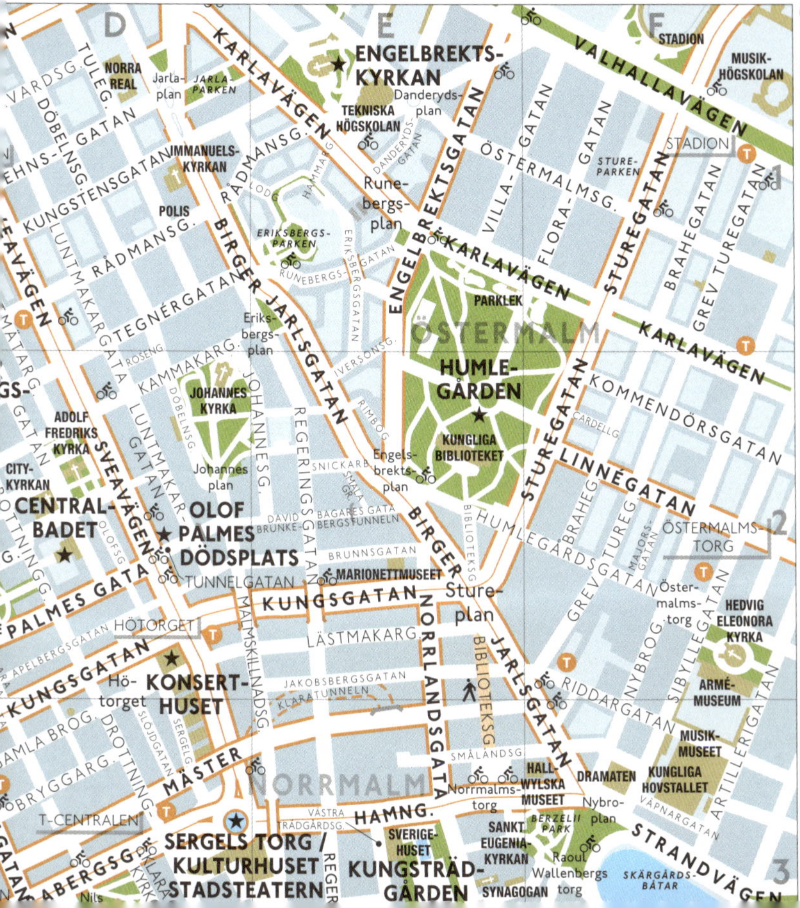

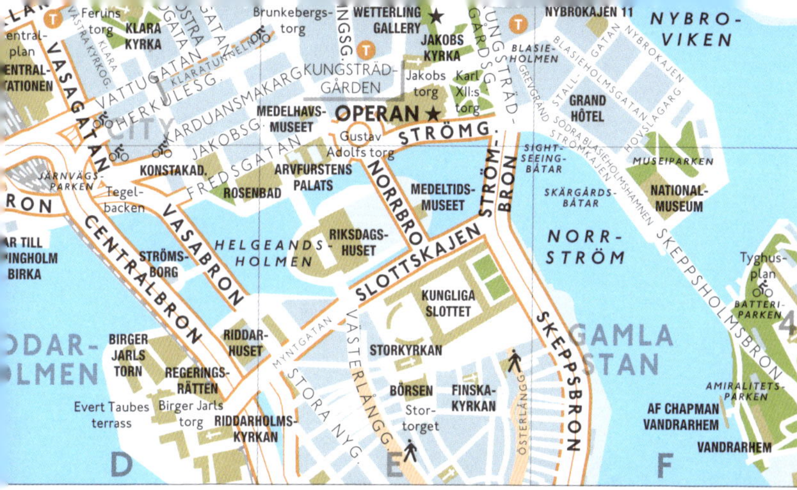

◄ Mapa A

HUMLEGÅRDEN

OPERAN

Olof Palmes
·dsplats (**C** D2)
Angle Sveavägen / ·nnelgatan
· nesse local que Olof ·lm, primeiro-ministro, foi ·ssassinado em 28 de fevereiro de 1986, quando saía · cinema. O corpo está sepultado bem próximo, no ·mitério Adolf Fredrik.

Centralbadet (**C** D2)
Drottninggatan 88
·08 545 213 00
·-sex 7h-21h, sáb-dom ·21h (18h dom)
·a experiência sueca ·squecível pode ser vivida ·ssa luxuosa casa de ba·s em estilo art nouveau ·04), projetada pelo arquiteto Klemming. O ingresso dá acesso a banheiras de hidromassagem, saunas, salas de ginástica, restaurante e, principalmente, à fantástica piscina.

★ **Strindbergsmuseet** (**C** C2)
→ Drottninggatan 85
Tel 08 411 53 54
Jul-ago: ter-dom 10h-16h; set-jun: ter-dom 12h-16h
O dramaturgo August Strindberg (1849-1912) passou seus últimos anos nesse pequeno apartamento. Nas paredes da sala de jantar, seus artistas favoritos. No escritório, canetas de pena, tinteiros e uma biblioteca com mais de 3 mil livros.

★ **Engelbrektskyrkan** (**C** E1)
→ Östermalmsgatan 20B
Tel 08 406 98 00
Ter-dom 11h-15h
Essa igreja, detentora da abóbada mais alta da Escandinávia (1914), foi projetada pelo arquiteto Lars Israel Wahlman, que propôs uma combinação de estilos art nouveau e romântico sueco. O interior e as formas sóbrias do templo transmitem serenidade.

★ **Humlegården** (**C** E2)
Dizem que o "jardim do lúpulo" ganhou essa alcunha por causa de Gustavo III Adolfo: em 1619, o monarca mandou cultivar ali o ingrediente essencial à fabricação da cerveja, que ele tanto apreciava. Aberto ao público no séc. XIX, o parque acolhe a Biblioteca Real (1877) e uma estátua de Carl von Linné (1885), o pai da botânica moderna. Local bom para fazer piquenique.

★ **Operan** (**C** E3)
→ Gustav Adolfs torg
Tel 08 791 44 00 ***Bilheteria*** *Seg-sáb 12h-17h (15h sáb)*
A Ópera de Estocolmo, construída em 1898 nos moldes de sua similar parisiense, tem um maravilhoso interior em estilo barroco. A magnífica entrada é enriquecida pelas pinturas de Carl Larsson.

SJÖHISTORISKA MUSEET

TEKNISKA MUSEET

ETNOGRAFIS

★ **Armémuseum** (**D** A3)
→ *Riddargatan 13*
Tel 08 519 563 00
Jul-ago: diariam 10h-17h; set-jun: ter-dom 11h-17h (20h ter)
Dos ataques vikings aos combates posteriores à Segunda Guerra Mundial, mais de mil anos de guerra retratados por meio de quadros realistas (maquetes, vídeos) e numerosas exposições de armas e artefatos militares.

★ **Scenkonst museet** (**D** A3)
→ *Sibyllegatan 2*
Tel 08 519 554 90
Horários: musikverket.se/scenkonstmuseet
O prédio da antiga padaria real (1640) já acolheu um museu dedicado apenas à música. Em 2016, depois de um período de reformas, o local passará a funcionar como centro nacional de artes cênicas (englobando dança, música e teatro), com mostras de coleções de instrumentos, cenários, figurinos, marionetes etc.

★ **Strandvägen** (**D** B4)
Entre 1880 e 1910, residências burguesas substituíram pouco a pouco as casas de madeira e os pequenos jardins à beira dos cais, marcando o surgimento de uma das vias mais elegantes da cidade. Stradvägen sediou a Exposição Industrial e de Artes em Geral de 1897. Seus arredores arborizados são um convite permanente a deliciosas caminhadas.

★ **Historiska museet** (**D** B3)
→ *Narvavägen 13-17*
Tel 08 519 556 00 Jun-ago: diariam 10h-18h; set-mai: ter-dom 11h-17h (20h qua)
Toda a história da Suécia, da pré-história ao reino de Gustavo Vasa (10.000 a.C.--séc. XVI), passando pelos vikings (800-1050). O acervo contempla esqueletos com mais de 9 mil anos, fóssil de cabeça de alce, joias e retábulos medievais maravilhosos. A "Sala de Ouro" ofusca os olhos do visitante com seus objeto em ouro e prata, que data desde a época dos viking até a Idade Média – repar no impressionante colar gravado com 458 figuras.

★ **Diplomatstaden** (**D** D
Lugar muito bom para se passear e paraíso dos pra cantes de jogging, o bair das embaixadas se esten de ao longo da orla, em frente ao Djurgården. Depois de explorar o Parque Nobel, uma boa pedida é caminhar por ali e apreci as casas com suas facha das coloridas, bem comc a linda igreja anglicana.

ARMÉMUSEUM

SCENKONST MUSEET

STRANDVÄGEN

D Östermalm

Até 1885, esse bairro afastado do centro da capital pertencia ao Estado e chamava-se Ladugårdslandet (país das fazendas). Seu destino começou a mudar por volta de 1870, quando foram construídos na região belos imóveis, praças em formato de estrela e largas avenidas, seguindo o modelo parisiense. Desde então, Östermalm é a região favorita da classe média alta, com seus apartamentos sofisticados, comércio de luxo, galerias de arte, belos restaurantes e grandes museus. Um bairro sereno e próximo dos grandes parques Gärdet e Djurgården.

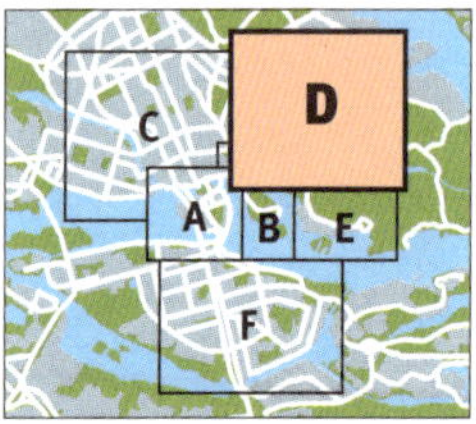

ERIKS BAKFICKA

RESTAURANG VOLT

RESTAURANTES

Borggåden (**D** A3)
→ *Artillerigatan 13*
Tel 08 664 34 30 Diariam 11h-17h (14h seg, 20h ter)
Restaurante muito apreciado, situado no pátio do Armémuseum. Especializado em cozinha nórdica e sopas. kr99-120.

Brasserie Elverket (**D** B3)
→ *Linnégatan 69*
Tel 08 661 25 62
Seg-qua 11h-14h, 17h-22h; qui-sex 11h-14h, 17h-23h; sáb 11h-15h, 17h-23h; dom 11h-15h (brunch)
Um restaurante, um bar e um teatro. O primeiro deles está na moda em Estocolmo, oferecendo um cardápio variado, que vai do carneiro assado ao empadão de rodovalho, passando pela sopa de alcachofra. Para arrematar, o combo: um sorvete, um café e um copo de grapa. Prato kr125-295.

Eriks Bakficka (**D** C4)
→ *Fredrikshovsgatan 4*
Tel 08 660 15 99
Seg-sáb 11h30-15h, 17h-23h (23h30 qui-sáb)
O "cardápio da noite" em um quadro-negro e o champanhe servido em cálices dão o tom desse local bastante refinado. Não deixe de experimentar a caçarola de frutos do mar. A carne moída à Rydberg está sempre no menu. Prato kr125-325.

Aubergine (**D** A3)
→ *Linnégatan 38*
Tel 08 660 02 04
Seg-sex 11h30-23h (24h qua-qui, 1h sex), sáb 17h-1h
Quatro jovens chefs são os responsáveis por esse local sofisticado, mas com preços convidativos. Saboreie a cozinha fusion (meio sueca, meio mediterrânea) no bar ou à luz de luminárias de design nacional. Prato kr155-285.

Villa Källhagen (**D** E3)
→ *Djurgårdsbrunnsv. 10*
Tel 08 665 03 00
Seg-sex 11h30-14h, 17h-22h; sáb 12h-15h, 17h-22h; dom 12h-16h30 (brunch)
Uma das especialidades desse tradicional restaurante sueco é o peixe acompanhado de alcachofra cozida no limão, repolho e molho holandês. No almoço, escolha uma das mesas do terraço com vista para a baía de Djurgårdsbrunn. Prato kr160-260.

Taverna Brillo (**D** F2)
→ *Sturegatan 6 / Humlegårdsgatan 19*
Tel 08 519 77 800
Seg-sex 7h-24h (2h qua-sex), sáb-dom 9h-2h (24h dom)
Um endereço que satisfaz todos os desejos e neces-

SVENSK SLÖJD

NORDISKA GALLERIET

ASPLUND

sidades. Faça compras no mercado, saboreie comida italiana, tome um drinque sentado ao sol, veja um concerto ou vá a uma exposição. Prato kr195-435.

Brasserie Godot (**D** A3)
→ *Grev Turegatan 36*
Tel 08 660 06 14
Seg-sáb 17h-23h
(24h qua-qui, 1h sex-sáb)
Esse é o restaurante das celebridades. Sob belas luminárias dinamarquesas, receitas francesas clássicas realçadas por um toque rústico sueco e uma boa dose de inventividade. No verão, aproveite para comer no terraço. Boa carta de vinhos. Tem bar. Prato kr195-435.

Restaurang Volt (**D** A2)
→ *Kommendörsgatan 16*
Tel 08 662 34 00
Ter-sáb 18h-24h
Decoração luminosa nesse bistrô, que serve alimentos frescos da estação, bem como produtos do mar e da floresta. Menu-degustação com seis pratos. kr585-735.

CAFÉS, BARES

Foam (**D** B2)
→ *Karlav. 75 Tel 08 660 09 96*
Seg-sex 8h-21h (20h sex), sáb-dom 10h-19h
Todo em tons avermelhados, cinza e creme, um café tão inspirado no design que até seu cardápio fala sobre mobiliário. Bons e originais mackor.

Strandbryggan (**D** C4)
→ *Strandkajsvägen 27*
Tel 08 660 37 14
Abr-set: diariam 10h-1h
Um bar pousado sobre a água, perto da ponte de Djurgården. Se você quiser mais agitação, pode alugar um jet ski ali mesmo. Há também um restaurante.

Nybrogatan 38 Kvarterskrog & Barservering (**D** A2)
→ *Nybrogatan 38*
Tel 08 662 33 22
Seg-sex 7h30-1h (24h seg-ter), sáb-dom 10h-1h (24h dom)
Um estabelecimento de bairro que nunca fica vazio, com atmosfera descontraída e receitas inspiradas nas cozinhas do sul da França e da Europa.

Tudor Arms (**D** B3)
→ *Grevg. 31 Tel 08 660 27 12*
Seg-sex 11h30-23h, sáb-dom 13h-23h (19h dom)
Esse é o primeiro pub da cidade, inaugurado em 1969. Chope, sanduíches e, claro, fish & chips.

Riddarbageriet (**D** A3)
→ *Riddargatan 15*
Tel 08 660 33 75
Seg-sáb 8h-18h (15h sáb)
Poucas mesas para se sentar e um balcão onde ficam expostas delícias de dar água na boca. Os doces e pães variam conforme o humor do confeiteiro e padeiro, que também costuma atender pedidos dos fregueses.

COMPRAS

Em torno da Nybrogatan localizam-se antiquários e showrooms de designers.

Nordiska Galleriet (**D** A3)
→ *Nybrogatan 11 Tel 08 442 83 60 Seg-sáb 10h-18h (17h sáb), dom 12h-16h*
Desde 1912, móveis e objetos de decoração de grandes criadores suecos e europeus. Nos dois andares da loja, há uma ampla variedade de peças em cores brilhantes. Para encher os olhos!

Svensk Slöjd (**D** A3)
→ *Nybrogatan 23*
Tel 08 663 66 50
Seg-sex 11h-18h, sáb 10h-15h
A especialidade são os *dalahästa* (cavalos coloridos de madeira), mas a loja de artesanato também oferece artigos têxteis e objetos em madeira vindos de toda a Suécia.

Wahlström B&L, Tropius Antik (**D** A2)
→ *Nybrogatan 42*
Tel 08 662 33 37
Seg-qua, sex 12h-18h; sáb 12h-16h (telefonar antes)
Móveis e objetos de arte do final do séc. XVIII ao início do séc. XX, uma parte considerável deles proveniente da Rússia.

Asplund (**D** A3)
→ *Sibyllegatan 31*
Tel 08 662 52 84
Seg-sex 11h-18h, sáb 11h-16h (14h verão)
O melhor do design sueco (Thomas Sandell, Pia Wallén, Jonas Bohlin) e internacional (Antonio Citterio, Tom Dixon, Marc Newson), de acordo com a curadoria dos célebres irmãos e arquitetos Asplund.

Jacksons (**D** A2)
→ *Sibylleg. 53 Tel 08 665 33 50*
Seg-sex 12h-18h, sáb 11h-15h
Mobília, joias, tapetes e muitos bibelôs escandinavos, italianos e americanos dos anos 1880-1980. Grande oferta de objetos dos anos 1940-50.

Östermalms Saluhall (**D** A3)
→ *Östermalmstorg Seg-sáb 9h30-18h (19h sex, 16h sáb)*
Belo mercado coberto, inaugurado em 1888, mas fechado para reformas até 2016-18. Uma feira provisória foi instalada ao lado, em uma praça repleta de cafés e butiques, importante ponto de encontro do bairro.

HISTORISKA MUSEET

DIPLOMATSTADEN

◄ Mapa E

ET

KAKNÄSTORNET

MAGASIN III MUSEUM & FONDATION FOR CONTEMPORARY ART

Sjöhistoriska museet
F4)
Djurgårdsbrunnsvägen 24
l 08 519 549 00
r-dom 10h-17h
marinha – real e mercan- – é o tema desse museu, ue ocupa uma elegante nstrução (1938) de Ragar Östberg, arquiteto res-nsável pela prefeitura. aquetes (de veleiros, na-os de carga, de passeio), nturas, fotos e louças ocam a vida marítima.

Tekniska museet
F4)
Museivägen 7
08 450 56 00
g-sex 10h-17h (20h qua),
-dom 11h-17h

A evolução da ciência e da tecnologia no país, retratada por meio de invenções importantes: carros antigos, locomotivas a vapor, aviões. Crianças e adultos também se divertem com os testes técnicos no interativo "Teknorama", com a exploração de uma réplica de mina de ferro, ou com a experiência proporcionada pelo Cino4, fantástico cinema em 4D, cujas sessões mexem com todos os sentidos do corpo do espectador.

★ **Etnografiska museet**
(**D** F4)
→ *Djurgårdsbrunnsvägen 34*
Tel 010 456 12 00
Ter-dom 11h-17h (20h qua)

As artes e tradições populares das civilizações não europeias estão representadas nessa coleção de peças exóticas: máscaras africanas em couro de crocodilo, casaco da tribo inuit em pele de urso polar, tenda mongol etc. O bom restaurante do museu serve pratos do mundo todo – comer ali já vale a visita!

★ **Kaknästornet**
(fora do mapa **D** F3)
→ *Mörka kroken 28-30*
Tel 08 667 21 80 Set-mai: diariam 10h-21h (18h dom); jun-ago: diariam 9h-22h (18h dom)
Com seus 155m, a torre de transmissão da rádio e televisão foi, por muito tempo, o mais alto edifício da Escandinávia. A 120m do chão, há duas plataformas de onde se descortina o panorama da cidade. Outra opção consiste em usar o restaurante, com suas amplas janelas envidraçadas, como posto de observação.

★ **Magasin III Museum & Foundation for Contemporary Art** (**D** F2)
→ *Frihamnensgatan 28*
Tel 08 545 680 40 ***Exposições*** *Qui-dom 11h-17h (19h qui)*
Criada em 1987 em um entreposto dos anos 1920, a maior galeria particular da Suécia sedia exposições de arte contemporânea e, às vezes, de vanguarda.

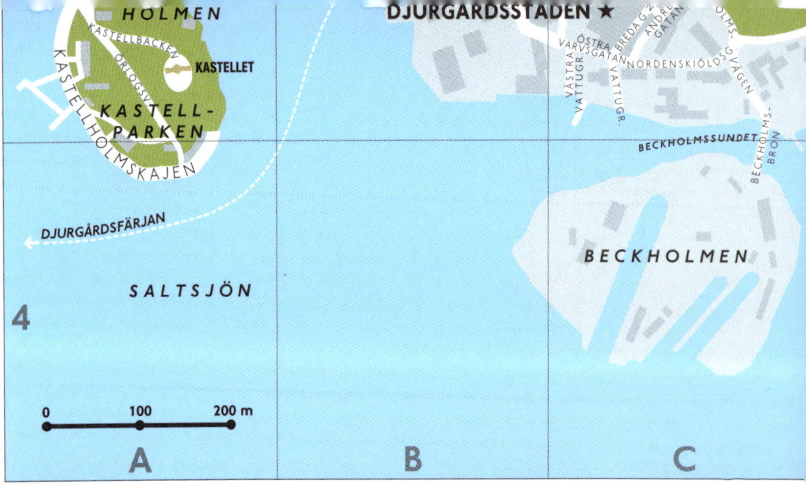

◄ Mapa F

DJURGÅRDSSTADEN

SKANSEN

ROSENDALS SLOTT

★ **Junibacken** (**E** A1)
→ *Galärvarvsvägen*
Tel 08 587 230 00
Mar-abr, set: ter-dom 10h-17h; mai-jun, out-fev: diariam 10h-17h; jul-ago: diariam 10h-18h
Um museu de contos de fada para toda a família. Um trenzinho circula entre as reconstituições de cenários inspirados nos livros de Astrid Lidgren (1907-2002), a grande dama da literatura sueca, criadora de personagens como a maliciosa Fifi e o incorrigível Zozo. A boa loja-livraria é multilíngue.

★ **Nordiska museet** (**E** B1)
→ *Djurgårdsvägen 6-16*
Tel 08 519 546 00
Jun-ago: diariam 10h-17h; set-mai: diariam 10h-17h (20h qua)
Monumental palácio em estilo Renascimento nórdico, cuja construção foi concluída em 1907. Apresenta artes e tradições populares escandinavas do séc. XVI até os dias de hoje. Reconstituições de cenas da vida cotidiana de várias épocas, móveis e trajes folclóricos.

★ **Vasamuseet** (**E** A2)
→ *Galärvarvsvägen 14*
Tel 08 519 548 00 Jun-agot: diariam 8h30-18h; set-mai: diariam 10h-17h (20h qua)
A joia de Djurgården. Com suas 700 esculturas em madeira e 64 canhões em bronze, e seus 52,5m de altura, o navio real *Vasa* foi concebido para glorificar a potência sueca – mas afundou assim que inaugurado, em 1628. Em 1961, uma incrível operação de resgate içou das profundezas a embarcação quase intacta, com sua mobília e estátua de proa. Agora, o *Vasa* é o astro desse museu, único no mundo.

★ **Aquaria Vattenmuseum** (**E** B2)
→ *Falkenbergsgatan 2*
Tel 010 708 70 00
Meados jun-ago: diariam 10h-18h; set-meados jun: ter-dom 10h-16h30
Salmões do Báltico, peixes de recifes de corais, piranhas e sapos venenosos tropicais são os hóspedes desse amplo "museu das águas", vivendo em habitats reconstituídos.

★ **Liljevalchs Konsthall** (**E** B2)
→ *Djurgårdsvägen 60*
Tel 08 508 313 30
Jun-ago: ter-dom 11h-17h (19h ter, qui); set-mai: ter-dom 11h-17h (20h ter, qui)
Pinturas, desenhos, fotografias, vídeos e exposições de arte contemporânea em be[lo] edifício neoclássico (1916). Salão de arte na primavera.

★ **ABBA The Museum** (**E** B3)
→ *Djurgårdsvägen 68*
Tel 08 121 328 60
Diariam 10h-20h

JUNIBACKEN

NORDISKA MUSEET

VASAMUSEET

A ilha de Djurgården é o maior espaço verde da capital. Há muito o que fazer por lá: é possível visitar o Skansen, museu ao ar livre, viver fortes emoções nas montanhas-russas de Gröna Lund ou relembrar os sucessos do ABBA no novo museu dedicado ao célebre grupo pop sueco. Uma atração que exerce fascínio permanente é o navio *Vasa*, conservado intacto depois de seu naufrágio no séc. XVII. Bem próximo dali, mansões deslumbrantes abrigam galerias de arte. De volta aos espaços verdes, há a opção de um agradável passeio de 7km em volta da baía de Djurgårdsbrunn, entre as lagoas repletas de patos e os pântanos povoados de garças.

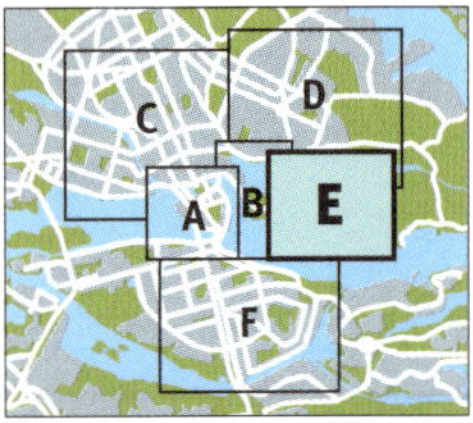

BLÅ PORTEN

ROSENDALS TRÄDGÅRDSCAFÉ

RESTAURANTES

Blå Porten (**E** B2)
→ *Djurgårdsvägen 64*
Tel 08 663 87 59
Mai-ago: diariam 11h-22h (19h sáb-dom); set-abr: diariam 11h-19h (21h ter, qui)
Esse *fik* colado à galeria Liljevalchs atrai amantes das artes e gente a passeio nos domingos, com seu brunch servido em um pátio tranquilo. Peixes grelhados, panquecas de carne de carneiro, cenouras marinadas e ótimos doces. Prato kr90-160.

Stora Gungan (**E** C3)
→ *Skansen Tel 08 660 66 01*
Mai-fim jun: diariam 10h-19h; fim jun-ago: diariam 10h-22h; set: diariam 10h-18h; jan-abr, out-meados dez: sáb-dom 11h30-16h
Esse adorável chalé de madeira em Skansen pratica a cozinha regional (arenque, bolinhos de carne, salmão). Coma perto do aquecedor em faiança ou no terraço, com vista para os sinos de Gamla Stan. Prato kr98-193.

Ulla Winbladh (**E** C2)
→ *Rosendalsvägen 8*
Tel 08 534 89 701
Seg-sex 11h30-23h (22h seg), sáb-dom 12h30-23h (22h dom)
Gastronomia local bem afamada, em uma casa construída em 1897 para a Exposição Industrial e de Artes em Geral de Estocolmo. Entre as opções do cardápio, arenque do Báltico marinado, peixe à moda da casa e creme de limão e alcaçuz, servido com sorbet de framboesa. No terraço, bufê self-service, mais barato. Prato kr155-370.

Villa Godthem (**E** C2)
→ *Rosendalsvägen 9*
Tel 08 684 238 40
Seg-sex 11h30-23h (22h seg), sáb-dom 12h-23h (22h dom)
Ambiente encantador em construção do final do séc. XIX, com varanda e farto uso de madeira branca. Cozinha sueca: truta do lago Vattem e lombo bovino. Café no jardim, quando o clima permite. Prato kr159-339.

Hasselbacken (**E** C3)
→ *Hazeliusbacken 20*
Tel 08 517 343 07 Seg-sex 11h30-14h, 17h-22h; sáb 12h-16h, 17h-22h; dom 12h-16h
Esse charmoso restaurante de hotel fica próximo de Skansen. Foi construído como substituto de um renomado estabelecimento, que fez fama nos anos 1850. Cozinha sueca tradicional (gravad lax, vitela assada, truta grelhada). Menus completos entre kr395-455.

VASARESTAURANGEN

SKANSENBUTIKEN

NORDISKA MUSEET

CAFÉS

Rosendals Trädgårdskafé (**E** E2)
→ *Rosendalsterrassen 12*
Tel 08 545 812 70 Fev-mar, nov-dez: ter-dom 11h-16h; abr: ter-dom 11h-17h; mai-set: diariam 11h-17h; out: ter-dom 11h-16h (17h sáb-dom)
Agradável café no coração de Djurgården. Para beber café orgânico sob a macieira, nos dias de sol. No inverno, prefira uma das mesas da estufa. Prove a torta de ruibarbo (se estiver na estação).

Rosendals Wärdshus (**E** E2)
→ *Rosendalsterrassen 3*
Tel 073 640 98 87
Mai-ago: diariam 11h-17h (restaurante 17h-22h)
Embora menos original do que o café vizinho, é mais sereno e tem bela vista. Pratos corretos.

Café Ektorpet (**E** E4)
→ *Waldemarsudde*
Tel 08 662 22 18
Mai-ago: qua-dom 11h-17h
O charmoso chalé de madeira é opção para beliscar um lanche ou se refrescar. Fica perto da entrada do Waldermarsudde, o solar do príncipe Eugênio.

Vasarestaurangen (**E** A2)
→ *Vasamuseet*
Tel 08 661 16 20
Jun-ago: diariam 9h30-17h30; set-mai: diariam 10h-16h
O cardápio relaciona pratos à moda do séc. XVII e sobremesas da época, como, por exemplo, frutas maceradas no rum, servidas com sorvete de cardamomo e skorpor (pãezinhos grelhados).

Skansen (**E** C2)
O museu ao ar livre oferece vários *fik*, como o restaurante **Gubbhylan** (prove os excelentes mackor e kanelbullar, de produção própria) e o **Café Petissan**, pequeno *konditori* para mulheres que, antes, ficava na rua Drottninggatan. No verão, uma opção mais "turística" é ir ao terraço do **Solliden** para assistir às *allsångskvällar* (canções populares suecas, à noite, até 21h). Todos os dias do verão, a casa oferece o smörgåsbord.

Flickorna Helin & Voltaire (**E** C2)
→ *Rosendalsvägen 14*
Tel 08 664 51 08
Diariam 9h (10h dom)-17h
Depois de visitar o Skansen, faça uma pausa para tomar um café e saborear os deliciosos doces no magnífico pavilhão da Exposição de Estocolmo (1897), todo de tijolo e cerâmica. Ninguém resiste aos suculentos nötbomber, doces de nozes confeccionados lá mesmo.

PARQUE DE DIVERSÕES

Gröna Lund (**E** B3)
→ *Lilla Allmänna Gränd 9*
Tel 010 708 91 00 Fim abr-jun, ago-meados set: diariam 11h-23h; jul: diariam 10h-22h; fim abr-meados set: horários em www.gronalund.com
O mais antigo parque de diversões da Suécia. Oferece atrações à moda antiga, para todas as idades: montanha-russa, palácio dos espelhos, carrosséis, bingo... Teatrinho para crianças durante o dia e concertos à noite.

COMPRAS

Rosendals Trädgårdsbutik & Plantbod (**E** F2)
→ *Rosendalsterrassen 12*
Tel 08 545 812 74
Mar, nov-dez: ter-dom 11h-16h; abr: ter-dom 11h-17h; mai-set: diariam 11h-17h (18h sáb-dom); out: ter-dom 11h-16h (17h sáb-dom)
Nas estufas cheias de luz crescem flores, legumes e frutos orgânicos. Bom para comprar conservas e geleias, plantas, condimentos e lindas xícaras em cerâmica artesanal.

Skansenbutiken (**E** C3)
→ *Djurgårdsslätten 49*
Tel 08 442 82 68
Jan-fev, abr: diariam 11h-16h; mar, out-dez: diariam 11h-17h; mai, set: diariam 11h-18h; jun-ago: diariam 11h-19h
Excelente comércio de objetos de design. Também no estoque, produtos artesanais fabricados em Skansen (artigos de vidro, madeira, cerâmica, brinquedos etc.).

Skansen (**E** C2-D2)
Há inúmeras lojas espalhadas pelo museu ao ar livre: **Vaktstugan** (livros, cartões-postais, presentes), **Kryddboden** (canudinhos recheados e chás em ambiente de mercearia antiga), **Krukmakeriet** (cerâmica de alta temperatura), **Stockholms Glasbruk** (louça e objetos de arte em vidro), **Skansenakvariets butik**, **Konsumbutiken** (confeitaria), **Marknadsgatan/Bollnästorget** (suvenires e artesanato de Skansen).

Nordiska museet / The Museum Shop (**E** B1)
→ *Djurgårdsvägen 6-16*
Jun-ago: diariam 10h-17h; set-mai: diariam 10h-17h (20h qua)
Além de réplicas de objetos do museu, a loja tem boa seção de livraria.

…UARIA VATTENMUSEUM

ABBA THE MUSEUM

▶ Mapa D

WALDEMARSUDDE

THIELSKA GALLERIET

augurado há pouco tem-, em 2013, o museu revi- a epopeia do mais famo- e bem-sucedido grupo música pop que a Suécia produziu. Para lembrar de s dos anos 1970!

Djurgårdsstaden (**E** C3)
se adorável e pitoresco njunto de casinhas colori-s foi construído no séc. I, para servir de moradia ra os operários do estalei- naval de Gälarvavert e s entrepostos de alcatrão Beckholmen.

Skansen (**E** C2)
Tel 08 442 80 00
-fev: diariam 10h-15h (16h -dom); mar-abr, out diariam -16h; mai-jun: diariam 10h-19h; jul-ago: diariam 10h-22h; set: diariam 10h-18h
Para exibir a cultura e as tradições suecas, Artur Hazelius fundou um dos primeiros museus a céu aberto do mundo, em 1891. O local exibe habitats urbanos e rurais de diferentes regiões, artesãos com a mão na massa, zoológico de animais escandinavos (ursos, lobos, alces, renas), danças folclóricas no verão. Mercado de objetos natalinos.

★ **Rosendals slott** (**E** F2)
→ *Rosendalsvägen 49*
Tel 08 402 61 30
***Visitas guiadas** Jun-início set: ter-dom 12h, 13h, 14h, 15h*
Esse palácio de verão foi construído em 1827, para Jean-Baptiste Bernadotte (coroado rei da Suécia em 1818 com o nome de Carlos XIV João) e sua mulher, Désirée. Belo exemplo do estilo Império (rebatizado na Suécia como estilo Karl Johan), com seu interior intacto.

★ **Waldemarsudde** (**E** E4)
→ *Prins Eugens väg 6*
Tel 08 545 837 00
Ter-dom 11h-17h (20h qui)
O solar foi concebido em 1905 por Ferdinando Boberg para o príncipe Eugênio, um talentoso pintor de paisagens. Além de seus quadros, abriga obras dos amigos pintores e escultores do príncipe: Bergh, Hasselberg, Larsson, Milles, Zorn. Muitas exposições temporárias.

★ **Thielska galleriet**
(fora do mapa **E** F3)
→ *Sjötullsbacken 8*
Tel 08 662 58 84
Ter-dom 12h-17h (20h qui)
Banqueiro aficionado por arte, Ernest Thiel (1859-1947) mandou fazer em 1907 uma residência, que decorou com obras compradas de seus amigos pintores, como Carl Larsson, Bruno Liljefors, Anders Zorn e o norueguês Edvard Munch. Em 1926, o Estado sueco adquiriu o acervo e abriu ao público a esplêndida moradia projetada por Ferdinando Boberg (1860-1946).

KATARINA KYRKA

FJÄLLGATAN

KÅKAR

★ **Stockholms Stadsmuseum** (**F** B1)
→ *Ryssgården, Slussen*
Tel 08 508 31 620 Fechado para reforma, reabertura prevista para 2017 www.stadsmuseum.stockholm.se
Instalado em uma construção barroca (1670) projetada por Tessin, o Velho, o museu que retrata a história da cidade encontra-se em obras. Estão mantidas, porém, as visitas aos locais da trilogia *Millenium*, bem como o passeio por Estocolmo na trilha do grupo ABBA.

★ **Katarinahissen** (**F** C1)
→ *Fechado para reforma*
Quando foi inaugurado, em 1883, o elevador do Katarina representava uma verdadeira proeza técnica. Seu substituto, de 1935, passa por reforma. Da passarela (acessível por uma escada), avista-se, de uma altura de 38m, a Cidade Velha, Mosebacke e o mar.

★ **Almgrens Sidenväveri & Museum** (**F** B1)
→ *Repslagargatan 15A*
Tel 08 640 19 01
Seg-sex 10h-16h, sáb 11h-15h
Nessa fiação fundada em 1833, os Almgren, tecelões há muitas gerações, fabricam sedas de ótima qualidade utilizando a tecnologia de cartão perfurado dos teares Jacquard. Na visitação, é possíver ver o dia a dia do trabalho, e também visitar exposições de tecidos encomendados pela casa real sueca.

★ **Söder torn** (**F** B2)
→ *Medborgarplatsen*
"Muito grandes, muito frios, e não suficientemente suecos." Esses foram os comentários, quando da construção dos dois imóveis pós-modernos da "praça dos Cidadãos": o arco de Bofill, complexo semicircular (1992) desenhado pelo arquiteto espanhol Ricardo Bofill, e a torre Söder, edifício octogonal de 25 andares (1997) projetado por Henning Larsen, arquiteto dinamarquês. Há quem defenda, contudo, que essas obras audaciosas estão er sintonia com as aspiraçõe multiculturais do bairro.

★ **Stockholms moské** (**F** C2)
→ *Kapellgränd 10*
Tel 08 509 109 00
Diariam 10h (11h dom)-17h
Em 1903, o grande arquite Ferdinand Boberg conceb uma central elétrica no es lo árabe-andaluz. No ano 2000, essa construção ac bou transformada em um mesquita. A antiga sala d máquinas tem capacidad para receber 2 mil fiéis.

★ **Katarina kyrka** (**F** C2
→ *Högbergsgatan 13*
Tel 08 743 68 00

STOCKHOLMS STADSMUSEUM

KATARINAHISSEN

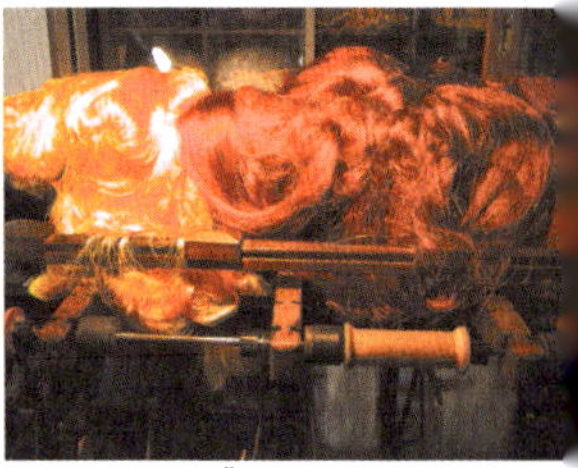

ALMGRENS SIDENVÄVERI & MUSEUM

▶ Mapa A

Södermalm, o bairro no sul de Estocolmo, começou a se tornar a badalada ilha dos dias atuais quando escritores, artistas e profissionais da comunicação passaram a se instalar em massa na área, que em outros tempos era um antigo subúrbio operário. Ao sul, Folkungagatan (ou SoFo, bairro alternativo) está repleto de cafés, restaurantes exóticos, lojas de decoração, butiques de moda e brechós com ares de bazar. "Söder" tem personalidade aberta e libertária. Não por acaso, o bairro conta até com uma mesquita, e seu grande palco, o Süodra Teatern, faz questão de encenar peças que contemplem todas as culturas.

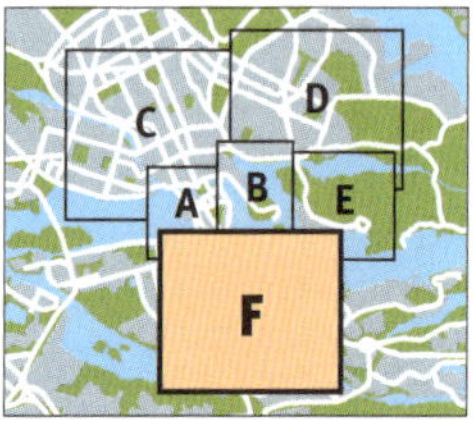

CAFÉ BLÅ LOTUS

EN FUL OCH EN GUL

RESTAURANTES

Sardin Bar & Tapas (**F** D2)
→ *Skånegatan 79*
Tel 08 644 97 00
Seg-sáb 17h
Lugar apertado como uma lata de sardinhas, mas muito caloroso, onde se misturam sabores nórdicos, mediterrâneos e exóticos. Prato kr22-165.

Café Blå Lotus (**F** C3)
→ *Katarina Bangatan 21*
Tel 08 644 50 43
Seg-sex 8h30-20h (19h sex), sáb-dom 9h30-19h
A clientela feminina adora esse café-restaurante vegetariano. Local tranquilo e com bela decoração étnica. Prato kr60-85.

Chutney (**F** C3)
→ *Katarina Bangatan 19*
Tel 08 64 030 10
Seg-sex 11h-22h, sáb-dom 12h-22h (21h dom)
Pratos fartos, preços baixos e world music no som ambiente desse pequeno restaurante vegetariano em SoFo. Terraço no verão. Prato kr93-160.

Snotty (**F** D2)
→ *Skånegatan 90*
Tel 08 644 39 10
Diariam 16h-1h
As köttbullar (almôndegas) de peixe salteadas na manteiga dão uma ideia da culinária praticada nesse bar-restaurante enfeitado com capas de discos de rock. Até os coquetéis levam nomes de bandas famosas. Acolhida calorosa e agradável ambiente musical. DJ de qua-sáb. Prato kr95-198.

Koh Phangan (**F** C2)
→ *Skånegatan 57*
Tel 08 642 50 40
Diariam 16h (12h sáb-dom)-1h
Especiarias frescas, muito limão, lâmpadas coloridas e decoração de bambu: bem-vindo à Tailândia! Experimente a carne na wok, o camarão ao curry ou o porco no leite de coco. Prato kr168- 289.

Pelikan (**F** C3)
→ *Blekingegatan 40*
Tel 08 556 090 90 Seg-qui 16h-24h, sex-sáb 13h-1h
Um antigo bar que permanece na moda. Carne de porco e purê de rutabagas, lombo de porco grelhado ao molho de cebola, pyttipanna e a eterna opção de arenques do mar Báltico. Prato kr179-315.

Urban Deli (**F** D2)
→ *Nytorget 4*
Tel 08 599 091 80 Diariam 8h-24h (1h sex-sáb, 23h dom)
Um empório-restaurante chique de SoFo, que oferece frutos do mar, boas carnes e peixes. Bem ao lado, no nº 76 da Skånegatan, a padaria vende

T SOUNDS

TJALLAMALLA

KONSTHANTVERKARNA

pães maravilhosos e também guarda leveduras alheias: fazer o próprio pão virou mania entre os suecos, que, ao saírem de férias, podem deixar seu fermento aos cuidados de gente especializada. Prato kr250-375.

CAFÉS, BARES

String Café (**F** D2)
→ *Nytorgsgatan 38*
Tel 08 714 85 14
Diariam 9h-22h (19h sex-dom)
Cadeiras desemparelhadas e assoalho quadriculado: decoração boêmia nesse belo café de SoFo, frequentado por jovens e gente ligada ao mundo das artes.

Gondolen (**F** C1)
→ *Stadsgården 6*
Tel 08 641 70 90
Seg-sex 11h30-1h (23h seg), sáb 16h-1h
Situado no alto do Katarinahissen, oferece a belíssima vista do encontro do lago Mälaren com o mar Báltico. Experimente o coquetel "Hemingway".

Södra Teatern (**F** C1)
→ *Mosebacke Torg 1-3*
Tel 08 531 99 400 ***Restaurantes*** *Dom-seg 11h-14h, ter-sáb 17h-22h (1h qua-qui, 2h sex-sáb)* ***Södra Bar*** *Ter-sáb 17h-1h (2h sex-sáb)*
O mais importante ponto da cultura alternativa de Södermalm. Palcos para shows (rock, reggae, jazz), dois restaurantes e cinco bares, entre os quais o Sjua, com seu famoso terraço que domina a cidade. No verão, concertos ao ar livre e aulas de salsa para crianças!

Roast Bistro & Mekotek
(fora do mapa **F** A2)
→ *Wollmar Yxkullssgatan 52*
Tel 072 303 32 98 Qua-qui 17h-22h, sex-sáb 16h-23h
Lugar divertido e alternativo, com comida natural, sala de ioga, ateliê com motos e um pequeno teatro. Prato kr89-149.

Café Rival (**F** A1)
→ *Mariatorget 3*
Tel 08 545 789 25 Jun-ago: diariam 8h-21h (22h sáb-dom); set-mai: diariam 8h (9h sáb-dom)-21h
Com seus muros altos em tons alegres e seus doces maravilhosos, não é de estranhar que esse café do hotel Rival seja o favorito da clientela boêmia e elegante de Söder.

Debaser Medis (**F** B2)
→ *Medborgarsplatsen 8*
Tel 08 694 79 00
www.debaser.se
Bar, restaurante e sala de espetáculos com programação variada.

COMPRAS

Götgatan (**F** B1)
→ *Seg-sex 11h-19h, sáb 11h-17h, dom 12h-17h (em geral)*
Mangle Vintage
→ *Götgatan 37*
Roupas e acessórios vintage a preços convidativos.
Ordning & Reda
→ *Götgatan 32*
Artigos para escritório com design sueco.
Bruno Götgatsbacken
→ *Götgatan 36*
Lojas de moda em volta de um pátio que também é café lounge.
Designtorget
→ *Götgatan 31*
Objetos originais e engenhocas com design.

Coctail (**F** D2)
→ *Bondegatan 34*
Tel 08 642 07 41 Sáb 11h-17h, dom-sex 12h-18h (16h dom)
Objetos kitsch e insólitos do mundo todo.

Tjallamalla (**F** D2)
→ *Folkungagatan 86*
Tel 08 640 78 47
Seg-sáb 11h-18h (17h sáb)
Trezentos designers reunidos num templo de brechós chiques.

Pet Sounds (**F** C2)
→ *Skåneg. 53*
Tel 08 702 97 98
Seg-sáb 11h-18h (17h sáb)
Lendária loja de discos. Há também livros e, em frente, um restaurante-bar.

Bric-à-brac (**F** A2)
→ *Swedenborgsgatan 5A*
Tel 08 643 75 00 Seg-sáb 11h-18h (16h sáb), dom 12h-16h
Moda sóbria, minimalista, com um toque asiático, para homens e mulheres.

GALERIAS

Konsthantverkarna
(**F** B1)
→ *Södermalmstorg 4*
Tel 08 611 03 70
Seg-sáb 11h-18h (16h sáb)
A mais antiga cooperativa de artesãos da cidade. Boa seleção de objetos em vidro, metal, madeira e cerâmica.

Hornsgatspuckeln
(**F** A1-B1)
→ *Hornsgatan 2-50*
Até a Mariatorget, Hornsgatan está repleta de galerias de arte e ateliês: vidro e cerâmica no Blås & Knåda (nº 26A), pinturas contemporâneas no Konst och Folk (nº 34), objetos para decoração e joias em prata no Smide och Form (nº 36) e audaciosas peças de cerâmica escandinava no Kaolin (nº 50).

125 kvadrat (**F** C2)
→ *Kocksgatan 17*
Tel 08 640 97 77 Diariam 11h-18h (16h sáb-dom)
Cooperativa artesanal com produtos de cerâmica, vidro, madeira etc.

ÖDER TORN

STOCKHOLMS MOSKÉ

▶ Mapa E

ÅFÄNGAN

KOLONIOMRÅDEN

eg-ter, qui-sáb 11h-17h; qua, om 10h-19h
Jma das três igrejas cruci-ormes com cúpula de Esto-olmo. O edifício original, oncebido por Jean de La 'allée, foi concluído em 695. Foi erguido por causa a ambição de Carlos X ustavo de instalar um cas-:lo e uma igreja perto da raça Mosebacke – apenas segundo projeto foi mate-alizado. Em 1723, um in-èndio danificou a igreja, em 1990, mais uma vez, chamas praticamente a estruíram, o que levou ao forço pela reconstrução. réplica atual, perfeita, resenta planta baixa em forma de cruz grega, encimada por belíssimo domo barroco.

★ **Fotografiska** (**F** D1)
→ *Stadsgårdshamnen 22*
Tel 08 50 900 500
Diariam 9h-23h
Aberto em 2010, o museu exibe obras de fotógrafos que jamais expuseram na Suécia, lado a lado com talentos consagrados. Cerca de vinte mostras por ano.

★ **Fjällgatan** (**F** D1)
No séc. XVIII, quem passeava por ali já se admirava com a fantástica vista da "rua da Montanha", no alto de Söder. Há uma longa fileira de casas pitorescas, ao final da qual está o terraço Per Anders Fogelström (1917-1988), homenagem ao escritor mais querido dos suecos.

★ **Kåkar** (**F** D2)
Kåkar (choupanas) são as casas proletárias de madeira vermelha construídas no séc. XIX, e que continuam de pé no Vita Bergsparken. Dão uma ideia de como esse bairro popular era no passado.

★ **Fåfängan** (**F** F2)
→ *Café Tel 08 642 99 00*
Fim abr-meados mai: diariam 11h-16h; meados mai-meados jun: diariam 11h-20h; meados jun-meados ago: diariam 11h-22h; meados ago-fim ago: diariam 11h-16h; sáb-dom 11h ou 13h30 (brunch)
Sobre uma terra estéril chamada de *fåfäng*, homens ricos mandaram construir jardins com pavilhões para se deliciar com vistas magníficas da cidade de Estocolmo. Não deixe de ver o pavilhão do comerciante Fredrik Lundin, construído em 1770 e transformado em um café.

★ **Koloniområden** (**F** B4)
→ *Perto do metrô Skanstull*
No passado, os menos afortunados cultivavam hortas nessa "cidade jardim", que hoje convida a agradáveis passeios campestres. Ali, os moradores de Estocolmo recarregam energias e relaxam em meio ao verde nos fins de semana.

ACESSO AOS AEROPORTOS

mas quartos com Wi-Fi (alguns até com banheiro). kr337-383 por pessoa em quartos quádruplos (roupa de cama e banho inclusos).

STF Gärdet (**D** E2)
→ *Sandhamnsgatan 59*
Tel 08 463 22 99 www.svenskaturistforeningen.se
Um pouco longe do centro, esse albergue da juventude é moderno e confortável. Próximo do Kampementsbadet, tem piscina ao ar livre no verão. A partir de kr380 por pessoa.

ATÉ KR1.000

Tre Små Rum (**F** A2)
→ *Högbergsgatan 81*
Tel 08 641 23 71
www.tresmarum.se
A hospedaria começou com três pequenos quartos e agora já tem sete. Decoração simples e alegre nesse míni-hotel, que fica em uma sobreloja. Banheiros comunitários. kr795.

Rygerfjord Hotel (**F** A1)
→ *Södermälarstrand, Kajplats 12-14 Tel 08 84 08 30*
www.rygerfjord.se
Navio-hotel de origem norueguesa (1950). Decoração original, cabines com vista para a cidade. Ao lado da Mariatorget. kr900 (sem café da manhã).

2kronor Hotel C.I.T.Y (**C** C2)
→ *Kammakargatan 62*
Tel 08 796 96 00
www.2kronorhotel.se
Pensão familiar, modesta e bem situada, com bom custo-benefício. Entre Söder e Odenplan. kr900-1400.

Wasa Park Hotel (**C** A1)
→ *Sankt Eriksplan 1*
Tel 08 54 54 53 00
www.wasaparkhotel.se
Instalado em dois apartamentos do séc. XIX, um hotel simples e econômico, com banheiro privativo ou comunitário. Prático: metrô e ônibus para Arlanda ao lado do hotel. kr950-1.095.

Colonial Hotel (**C** C2)
→ *Västmannagatan 13*
Tel 08 20 04 00
www.colonial.se
Cinquenta quartos, todos diferentes um do outro, em antigo imóvel reformado. Os que não têm banheiro atendem a quem viaja com orçamento limitado. kr995.

KR1.000-1.500

Crystal Plaza Hotel (**C** E2)
→ *Birger Jarlsgatan 35*
Tel 08 406 88 00
www.crystalplazahotel.se
Atrás da imponente fachada de tijolos, uma centena de quartos bem-cuidados, perto de Humlegården. Sauna e cozinha asiática. kr1.000-2.400.

Queen's Hotel (**C** D2)
→ *Drottninggatan 71 A*
Tel 08 24 94 60
www.queenshotel.se
Centenário e central: em uma rua comercial e só de

ESTAÇÃO FERROVIÁRIA

Centralstationen (**C** D3)
→ *Horários dos trens SJ*
Tel 0771 75 75 75 www.sj.se
Estação central. Eixo de interligação: metrô, ônibus, vans para aeroportos e Arlanda Express.

TÁXIS

Bandeirada a kr45, depois cerca de kr10/km (preço mais caro à noite e sáb-dom).

Taxi Stockholm
→ *Tel 08 15 00 00*

Taxi Kurir
→ *Tel 08 30 00 00*

Taxi 020
→ *Tel 020 20 20 20*

BICICLETAS

City Bikes
→ *Tel 077 444 24 24 Season Card abr-out kr300; 3 dias: kr165 www.citybikes.se*
Uma centena de estações, indicadas neste guia por um ícone de bicicleta. Cadastro nos SL-Center.

BARCOS NO ARQUIPÉLAGO

Trajetos simples, cruzeiros com jantar... Saídas de Nybrokajen, Strömkajen (**B** A2-B1), o ano todo, tráfego reduzido no inverno.

Waxholmsbolaget
→ *Tel 08 679 58 30*
Båtluffarkort, passe 5 dias pelo arquipélago: kr420

Strömma Kanalbolaget
→ *Tel 08 120 040 00*
Passeios no lago Mälaren.

Cinderellabåtarna
→ *Tel 08 120 040 00*
Conforto e boas vistas.

O melhor de Estocolmo

Dez ideias para conhecer a capital de um jeito diferente

Fazer *fika*
Fika, em sueco, significa pausa para o café. São várias feitas ao longo dia, constituindo oportunidades de encontrar colegas e amigos. Às vezes, dá até para beliscar algo do amplo leque de comidinhas apropriadas ao *fika*: kanelbullar gigantes (brioches de canela), morotskaka (bolo de cenoura), pedaços de prinsessatårta (bolo coberto de marzipã verde). Para beber, latte, um grande café com leite. Aos que preferem salgados, smörgås, fatias de pão com coberturas incríveis.
→ *Sundbergs Konditori* (**A** E3)

Entender a força do design sueco
Nada melhor para conhecer a produção sueca do que visitar a didática exposição permanente dedicada ao design escandinavo no Nationalmuseum (**B** B3). Por toda a cidade, há também inúmeras lojas especializadas em obras de profissionais locais, para todos os gostos e com todo tipo de preço.
→ *Svenskt Tenn* (**B** B1), *lojas do bairro SoFo até Södermalm* (**F** C2-D2)

Renovar o visual com roupas usadas
Jovens ou idosos, independentemente da classe social, todos os suecos são assíduos frequentadores de lojas de roupas de segunda mão. Algumas marcas de confecção possuem até seus próprios brechós.
→ *Filippa K Second Hand* (fora do mapa **F** A1) *Hornsgatan 77 Tel 08 668 15 30 Seg-sex 11h-18h, sáb 11h-16h; Loja Två Tre Gånger* (**D** A3) *Linnégatan 34 Tel 08 663 79 60 Seg-sex 12h-18h, sáb 12h-16h*

Assistir a um leilão
A Auktionsverket, fundada em 1674, é a mais antiga casa de leilões do mundo e encontra-se em Estocolmo. Desde aquele período, o gosto pelos leilões permanece inalterado entre os suecos. Podem-se admirar objetos antigos ou obras de arte que serão vendidos e, com frequência, permanecem expostos muitas semanas antes.
→ *Stockholms Auktionsverk* (**D** A3) *Nybrogatan 32; Bukowskis* (**B** A1); *Åmells Konsthandel* (**C** F2), *especializado em pintura escandinava; Birger Jarlsgatan 14*

Explorar a cidade de bicicleta
Pedalar é o melhor jeito de conhecer Estocolmo. Repleta de ciclovias, a cidade tem um trânsito que preconiza o respeito ao ciclista. Entre abr-out, há mais de cem pontos de locação de bikes, por períodos que variam de algumas horas ao dia inteiro.
→ *www.citybikes.se* Veja também *Transportes*

PEQUENA ILHA NO ARQUIPÉLAGO

ESTACIONAMENTO ESPECÍFICO DE BICICLETAS

KANELBULLAR

DESIGN SUECO

Transportes e hospedagem

AEROPORTOS

Stockholm-Arlanda
→ *40km ao norte de Estocolmo*
Tel 010 109 10 00
www.swedavia.se/arlanda
Aeroporto internacional. Também opera voos domésticos, charters e de baixo custo.

Stockholm-Bromma
→ *8km a oeste de Estocolmo*
Tel 010 109 40 00
www.swedavia.se/bromma
Voos domésticos e alguns internacionais.

Stockholm-Skavsta
→ *100km ao sul de Estocolmo e a 7km de Nyköping*
Tel 0155 28 04 00
www.skavsta.se
Voos de baixo custo.

STRÖMKAJEN

CONEXÕES COM O CENTRO

Arlanda
Train Arlanda Express
→ *A cada 15min kr280 Trajeto 20min*
Ônibus
→ *A cada 10 ou 15min kr99 Trajeto 45min*
Chega em Cityterminalen (**C** C3), terminal de ônibus.

Bromma/Skavsta
Bus Flygbussarna
→ *Conforme desembarques* ***Bromma*** *kr75 Trajeto 20min* ***Skavsta*** *kr139 Trajeto 1h20*
Chega em Cityterminalen.
Táxi
→ *Arlanda kr500 Trajeto 40min; Bromma kr300-350 Trajeto 20min; Skavsta kr1.600 Trajeto 1h30*

Salvo menção em contrário, os preços indicados referem-se a quarto duplo padrão, com banheiro e café da manhã inclusos. No verão e no fim de semana, a maioria dos hotéis oferece descontos de 30-50%. Considere fazer reserva.

APARTAMENTOS E QUARTOS

Airbnb
→ *www.airbnb.fr*
A famosa central de reserva de acomodações com anfitriões locais oferece muitas opções e preços variados. Mais de mil ofertas de quartos, casas e apartamentos.

Cocoon (**C** B3)
→ *Kungsgatan, 69*
Tel 08 40 81 03 76
www.cocoonstockholm.com

Stockholm Guesthouse
→ *www.stockholmguesthouse.com*
Apartamentos e quartos ofertados por particulares, para uma ou várias noites.

ALBERGUES DA JUVENTUDE

Preços indicados sem café da manhã. Banheiros comunitários. Taxa para roupa de cama.

Långholmens Vandrarhem
(fora do mapa **A** A4)
→ *Långholmsmuren 20*
Tel 08 720 85 00
www.langholmen.com
Uma experiência insólita nas celas da antiga penitenciária de Långholmen. Apesar disso, ambiente agradável, a dois passos de uma pequena praia. kr240-315 por pessoa, em quartos quádruplos.

Zinkensdamms Vandrarhem
(fora do mapa **F** A2)
→ *Zinkens väg 20*
Tel 08 616 81 00
www.zinkensdamm.com
Central, próximo ao grande parque Söder. Bar, sauna, aluguel de bicicletas. Ideal para quem viaja com crianças. kr240-315 por pessoa em quartos quádruplos.

Castanea (**A** E2)
→ *Kindstug. 1 Tel 08 22 35 51*
www.castaneahostel.com
Duas suecas reformaram e rejuvenesceram esse albergue situado em pleno Gamla Stan. Quartos e dormitórios charmosos. kr250-350 por pessoa em quartos quádruplos.

City Backpackers (**C** C2)
→ *Upplandsgatan 2*
Tel 08 20 69 20
www.citybackpackers.org
A 500m da Centralen, ideal para andar pela cidade. Cozinha, Wi-Fi, café e sauna: delicioso depois de um dia inteiro visitando a cidade! kr280 por pessoa em quartos quádruplos.

STF Hostel af Chapman & Skeppsholmen (**B** B4)
→ *Flaggmansvägen 8*
Tel 08 463 22 66
www.stfchapman.com
Magnífica embarcação transformada em hotel. A vista do castelo compensa a falta de conforto. Para os que enjoam, vale escolher o *STF Skeppsholmen*, que fica ao lado (e atende no mesmo número de telefone). kr290-375 por pessoa em quartos quádruplos.

Hostel Bed & Breakfast
(**C** D1)
→ *Rehnsgatan 21*
Tel 08 15 28 38 www.hostelbedandbreakfast.com
Ao lado do metrô, o hotel fica no subsolo e não tem janelas, mas a decoração é simpática. Beliches (quartos com 1 a 10 camas) e ambiente agradável. kr320-390 por pessoa em quartos com 2 ou 4 camas.

STF Fridhemsplan
(fora do mapa **C** A3)
→ *Sankt Eriksgatan 20*
Tel 08 653 88 00
www.fridhemsplan.se
Um grande albergue da juventude. Fica um pouco distante, mas é novo e bem cuidado. Nada de beliches,

BICICLETAS ESTACIONADAS

TÁXIS

ESTAÇÃO DE METRÔ T-CENTRALEN, DECORADA POR PER O. ULTVEDT

animada de Gamla Stan. kr1.490-2.690.

Columbus Hotell (**F** C2)
→ *Tjärhovsgatan 11*
Tel 08 503 112 00
www.columbushotell.se
Construção imponente e estilosa datada de 1780. Rua calma, com vista para o parque de Katarina kyrka. kr1.500-2.000.

MAIS DE KR1.500

Hotell Kung Carl (**C** E2)
→ *Birger Jarlsgatan 21*
Tel 08 463 50 00
www.hotellkungcarl.se
Esse sofisticado hotel tem vista para as alamedas verdejantes do Humlegården. Bem próximo de lojas elegantes e dos bares da moda. kr1.500-2.400.

Hotel Rival (**F** A1)
→ *Mariatorget 3*
Tel 08 545 789 00 www.rival.se
O hotel design de Benny Andersson tem sua decoração inspirada no cinema. Bonito, original, com atmosfera nórdica. Em uma palavra: sublime! kr1.595-2.595 (sem café da manhã nos dias de semana).

Scandic Gamla Stan (**A** D3)
→ *Lilla Nygatan 25*
Tel 08 723 72 50
www.scandichotels.com
Em um belo edifício do séc. XVII, oferece 51 quartos em estilo gustaviano. Bem próximo da sossegada praça Komhamstorg e das agitadas ruas de Gamla Stan. kr1.595-2.595.

Victory Hotel (**A** D3)
→ *Lilla Nygatan 5*
Tel 08 506 400 00
www.victoryhotel.se
Todo o charme burguês e opulento reunido em um antigo imóvel de Gamla Stan (séc. XVII). A decoração se inspira em temas ligados à marinha. Apesar de sombrio, belo! No subsolo, alta gastronomia no Leijontornet. kr1.790-3.090.

HOTÉIS DE ALTO LUXO

Birger Jarl Hotel (**C** D1)
→ *Tulegatan 8 Tel 08 674 18 00*
www.birgerjarl.se
O melhor do design contemporâneo sueco nos quartos desse hotel de altíssimo luxo, perto do centro. A partir de kr2.190.

Berns Hotel (**B** A1)
→ *Näckströmsgatan 8*
Tel 08 566 322 00
www.berns.se
Linhas puras atrás de uma fachada art nouveau. A clientela do restaurante e bar reúne a alta sociedade de Estocolmo. Localização central. A partir de kr2.290.

Grand Hôtel (**B** A2)
→ *Södra Blasieholmshamnen 8*
Tel 08 679 35 00
www.grandhotel.se
O mais prestigioso da cidade, hospeda pessoas do jet-set e vencedores do Nobel. Em frente ao Palácio Real. A partir de kr2.300.

METRÔ, ÔNIBUS, TREM, BONDE

SL-trafik
Informações (ônibus/trem/metrô)
→ *Tel 08 600 10 00*
www.sl.se

SL-Center na Centralen (**C** D3)
→ *Seg-sáb 6h30-23h15, dom 7h-23h15*

SL-Center em Sergels torg (**C** D3)
→ *Seg-sex 7h-18h30, sáb-dom 10h-17h*

Bilhetes
Compre nas SL-Center, nas 7-Eleven e nas lojas Pressbyran.

Bilhete unitário
Zona A (centro da cidade): kr36/20 (adulto/criança)
Zona B (mais ampla): kr54/30 (adulto/criança)

Cartões
→ *Cartão magnético recarregável nas SL Access-Kort: kr20*
→ *Cartão 24h: kr115/70*
→ *Cartão 72h: kr230/140*
→ *Cartão 7 dias: kr300/180*
Válidos também em barcos e bondes.

Metrô (T-banan)
→ *Diariam 5h-1h (a noite toda sex-sáb)*
3 linhas e 100 estações decoradas por artistas: um verdadeiro museu subterrâneo!

Ônibus
Ônibus azuis (linhas 1-4) mais frequentes que os vermelhos (linhas 40-77). Não há venda de passagens a bordo.

Trem de subúrbio (Pendeltåg)
→ *A cada 15min*
3 linhas, 200km até os subúrbios distantes.

Tramway (Lokalbanor)
6 linhas no total.

Passear em Monteliusvägen (**F** A1)
Um programa simples e interessante consiste em fazer uma trilha de 400m ao longo do lago Mälaren para admirar a vista deslumbrante da cidade e da ilha Riddarholmen, com sua igreja de campanário ricamente adornado. Esse é o mirante preferido dos suecos.

Observar a cidade a partir das alturas
Várias torres permitem observar a cidade do alto. Uma das melhores é a da prefeitura, Stadhuset (**C** C4), com seus 106m de altura. Há também a torre da televisão Kaknästornet (fora do mapa **D** F3), ainda mais elevada: 155m. Os mais intrépidos vão ao Ericsson Globe e seu SkyView: do lado de fora dessa incrível estrutura circular que abriga uma gigantesca arena esportiva e sala de espetáculos, elevadores-teleféricos de vidro levam os visitantes a 130m do chão!
→ *SkyView* (fora do mapa **F** C4) *Metrô Globen*
Diariam 9h-21h
www.globearenas.se

Patinar na cidade
Crianças e adultos se divertem sobre a pista de gelo iluminada à noite em Kungsträdgården (**C** E3). O rinque de patinação do Vasaparken (**C** B1) tem as maiores dimensões. Também é possível patinar no lago Mälaren, quando as águas congelam. Antes, porém, informe-se sobre cuidados e precauções necessários no Stockholm Tourist Center. Utilize somente patins adequados.
→ *Cykelstallet* (**C** B3)
Scheelegatan 15
Tel 08 651 00 66
www.cykelstallet.se

Ir à praia
Utö, Grinda, Nåttarö: o visitante pode nadar na orla de numerosas ilhas do arquipélago de Estocolmo. O mar Báltico é calmo e pouco salgado. No verão, as praias recebem suecos em busca de um bom banho de mar. Por meio da boa rede de transportes, pode-se chegar a muitas praias perto do centro da cidade.
→ *Rålambshovsbadet, praia de Rålambshovsparken*
Metrô Fridhemsplan (**C** A2); *Långholmsbadet, praias de Långholmen e Reimersholme* (fora do mapa **A** A4)
Metrô Hornstull

Esquiar
A pequena estação de esqui Hammarbybacken está localizada no alto de uma colina, na saída da cidade. Oferece quatro pistas para os amantes do esporte, além de um parque de diversões. A estação abre suas portas quando a temperatura cai abaixo dos 0°C – é a rara chance de deslizar pela neve com a vista das luzes de uma grande cidade!
→ *Hammarbybacken*
(fora do mapa **F** C4)
Metrô Gullmarsplan, depois bonde para Sickla Udde, parada Sickla Kaj

VISTA DE RIDDARHOLMEN

Transportes e hospedagem

Os nomes de ruas, monumentos e atrações estão classificados por ordem alfabética. As letras em negrito (**A**, **B**, **C**...) indicam o bairro e o mapa correspondente. A estrela ✪ remete à página "Atrações imperdíveis", no início deste guia.

Ruas

FERRYBOAT DE DJURGÅRDEN (DJURGÅRDSFÄRJAN) E LINHA 7 DO BONDE (DJURGÅRDSLINJEN)

FERRYBOAT E BONDE DE DJURGÅRDEN

Ferryboat
Djurgårdsfärjan
→ *Tel 08 679 58 30 Seg-sex 7h30-18h30, sáb-dom 9h-19h www.waxholmsbolaget.se Tarifa kr36*
De Slussen (**A** E4), esse ferryboat serve Allmänna Grand (**E** B3) e Skeppsholmen (**B** D4).

Bonde, linha 7
Djurgårdslinjen
→ *Diariam 5h30-23h30 A cada 8min (15min sáb-dom)*
De Sergels Torg (**C** D3) a Waldemarsudde (**E** E4). Serve Nybroplan (**C** F3), Djurgårdsbron (**E** B1) e Skansen(**E** C2).

pedestres, fica próximo de vários pontos turísticos. kr1.050-1.850.

Nordic Light Hotel / Nordic C Hotel (**C** C3)
→ *Vasaplan 7 / Vasaplan 4*
Tel 08 50 56 30 00
www.nordiclighthotel.se
Em plena City, quartos com design luxuoso que podem ser iluminados conforme o seu humor (*mood room*). Em frente, menos original mas mais barato, o Nordic C Hotel costuma hospedar homens de negócios em seus 367 quartos. O famoso Ice Bar está ali. kr.1080 (sem janelas)-1.480.

Hotel Tegnérlunden (**C** C2)
→ *Tegnérlunden 8*
Tel 08 545 455 50
www.hoteltegnerlunden.se
A fachada é um pouco triste, mas seus 104 quartos são bem iluminados. Alguns deles dão vista para o parque Tegnérlunden. kr1.090-2.690.

Scandic Sjöfartshotellet (**F** C1)
→ *Katarinavägen 26*
Tel 08 517 349 00
www.scandichotels.com
Bem localizado, ao lado de Slussen. Do seu terraço na cobertura, avista-se o mar. kr1.100-1.600.

Wellingtons Gästvåning (**D** A3)
→ *Skeppargatan 27*
Tel 08 667 09 10
www.wellington.se
Cinco quartos duplos e quatro simples, com decoração sofisticada, além de um apartamento. Bem perto do Dramaten (Teatro Real). kr1.150-1.395.

Den Röda Båten Mälaren (**F** A1)
→ *Söder Mälarstrand*
Tel 08 644 43 85
www.theredboat.com
Antes de se tornar um hotel flutuante, esse navio a vapor em madeira vermelha transportava mercadorias no lago Vänern e no Göta Kanal. No verão, as refeições são servidas ao ar livre. Exija cabine com vista para o Stadshuset. Cabine dupla kr1.200-1.400.

Ersta Hotell (**F** E2)
→ *Erstagatan 1K*
Tel 08 714 63 41
www.erstadiakoni.se/hotell
Vinte e dois quartos com a elegância das moradias antigas intacta, nessa casa de 1896, situada no alto de Södermalm. O quarto 28 é encantador! kr1.250-1.550.

Hotel Karlaplan (**D** B2)
→ *Skeppargatan 82*
Tel 08 31 32 20
www.hotelkarlaplan.se
Pé-direito alto e instalações modernas em hotel de alto nível. kr1.250-2.500.

Scandic Anglais (**C** E2)
→ *Humlegårdsgatan 23*
Tel 08 517 340 00
www.scandic-hotels.com
São 230 quartos com design nórdico. Peça um com vista para o parque Humlegården. kr1.250-3.890.

Hotel Anno 1647 (**F** B1)
→ *Mariagränd 3*
Tel 08 442 16 80
www.anno1647.se
Hotel clássico e elegante com quartos à moda antiga, que dão para uma ruela calma ou têm vista para Gamla Stan. kr1.290-2.490.

Hotell Wellington (**D** A3)
→ *Storgatan 6 Tel 08 667 09 10*
www.wellington.se
No coração de Östemalm, 60 quartos confortáveis, alguns com varanda, que fazem desse hotel um lugar ao mesmo tempo acolhedor e moderno. Oferece sauna. kr1.320-2.620.

Lord Nelson Hotel (**A** D2)
→ *Västerlånggatan 22*
Tel 08 506 401 01
www.thecollectorshotels.se
Um hotel muito charmoso, instalado em uma casa do séc. XVII e decorado com antigos objetos da marinha. Situado na rua mais

Transportes em Estocolmo

BANCOC

Seu Guia Passo a Passo

A chegada a Bancoc é desconcertante: as alças de acesso da autoestrada passam por cima das **vielas**, os **arranha-céus** se impõem aos pequenos **templos budistas** e os **anúncios gigantes** escondem o **comércio de rua**. A gente percebe logo: mais do que qualquer outra cidade, é preciso merecer Bancoc. Tentacular, poluída, barulhenta, asfixiante, **Krung Thep**, a "cidade dos anjos", é também uma síntese extraordinária da Ásia, de cores, de dinamismo e de tradições. Paul Morand já dizia, em 1926, que ela "é lida na horizontal, mas com dificuldade". Essa é Bancoc: uma cidade sem relevo, construída um metro acima do nível do mar, enroscada nos meandros do **Chao Phraya**, atravessada por canais *(khlong)* antes de ser cortada por ruas (a primeira, de 1862!) tão largas como uma autoestrada e de onde surgem, de acordo com o bairro, uma floresta de estupas (templos budistas) ou de arranha-céus. O desenvolvimento dessa megalópole tropical, jamais colonizada, aconteceu do oeste para o leste. À beira do rio: **Rattanokosin**, a cidade velha, com seus tesouros (**Wat Pho**, **Grand Palace**), **Banglamphu** e **Khao San Road**, local de encontro de mochileiros. Ao norte, **Dusit**, cidade do séc. XIX e do poder real, e, ao sul, **Bangrak**, das representações diplomáticas. Para o leste, a cidade moderna (**Siam Square**, **Pratunam**, **Silom** etc.), que se estende até o infinito na interminável avenida **Sukhumvit**. Por toda parte, os costumes e as tradições se misturaram ao séc. XXI. Tuk-tuk barulhento ou metrô aéreo? Mercados apinhados de gente ou shoppings moderníssimos? Pad thai ou culinária perfumada? Birosca na beira do rio ou restaurante na cobertura de um arranha-céu? Espetáculo de marionetes ou lounge da moda? Com **Seu Guia Passo a Passo**, a cidade se abre para você!

Bem-vindo a Bancoc!

A Rattanakosin / Banglamphu
B Thewet / Dusit
C Chinatown / Phahurat
D Siam Square / Pratunam / Sukhumvit
E Silom / Bangrak
F Thonburi

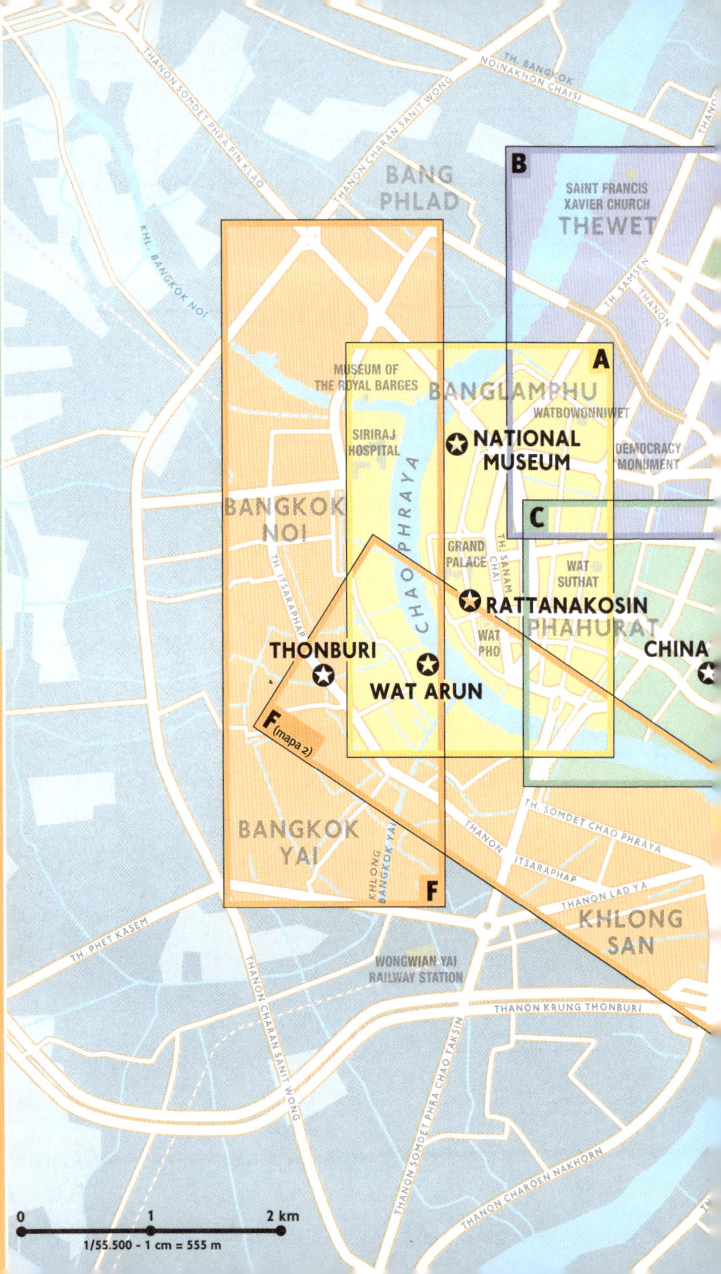